栄東高等学校

〒337-0054 埼玉県さいたま市見沼区砂町2-77（JR東大宮駅西口
◆アドミッションセンター TEL：048-666-9288 FAX：048-65

CONTENTS

Success15 10

http://success.waseda-ac.net/

サクセス15
October 2020

表紙:筑波大学附属駒場高等学校

学校選択のためのポイントはココにある

自分に合った学校を選ぶにはまず注目するべきなのはココ！

志望校の選択は「早ければ早い方がいい」と先生方から言われていることと思います。しかし9月に入ったいま、受験学年の中3生のみなさんでも「まだ決まっていない」「絞り込めていない」という方が多いのではないでしょうか。とくに今年は、コロナ禍の影響で、本来なら学校見学に足を運ぶはずだった夏休みも機能しなかったと思われますから「さも、ありなん」というものです。そこでいま、いよいよ受ける学

校、進む学校を最終決定する前に知っておいてほしいことをお伝えします。まずは「共学校か、男女別学校か」という選択のスタートラインから始めましょう。

共学校に向いているのか 男子校・女子校がいいか

学校選択を進めるときに考えておかなければならない学校の違いの1つに「共学校」か「男子校・女子校」か、という要素があります。

共学校を志望校とするのか、男子校・女子校を選ぶのかは、学校生活を考えたとき、とくに重要な選択となります。

どちらを選ぶかによって、学校行事、部活動など、授業以外に過ごす時間での「楽しさ」「やりがい」「達成感」などが大きく変わってくるからです。また、それが友だちづきあいのプラスマイナスにつながり、ひいては勉強する雰囲気に関係しますから、学業成績にも大きな影響があるわけです。

首都圏の公立高校の多くは共学校です。私立高校には都県を問わず、多くの男子校・女子校があります。ただし、千葉私立では共学校がほとんどで、男子校はなく、女子校も2校のみです。

ここ20年、私立高校のなかにあって伝統ある男子校や女子校が共学校へと移行するケースが増えました。

また、高校募集を取りやめて中学入試だけにする学校が増えています。東京の男子校の雄・本郷が高校からは入れなくなりました。高校募集のある女子校はさらに少なくなっており、豊島岡女子学園（東京）も2022年度には中学募集のみに転じます。そうなると、難関校では慶應女子（東京）が唯一残るぐらいです。

公立高校は共学校がほとんどです。私立高校はそれぞれの教育理念で運営され、創立者の考えが受け継がれていることから男子校、女子校が成り立っているのですが、どちらかを選択することができるのも私立高校ならではのよさともいえます。

共学か男女別学かを選ぶ作業の前に、自分はどんな高校生活を送りたいのかということをしっかりと描き、どのタイプの高校が自分にとっていいのか、充実した高校生活を送ることができるのか考えてみましょう。

自分が共学校向きか男子校・女子校向きかは、志望校選びを始める前に見極めておく必要があります。わからなければ、中学校の担任や部活動の先生、塾の先生、また、

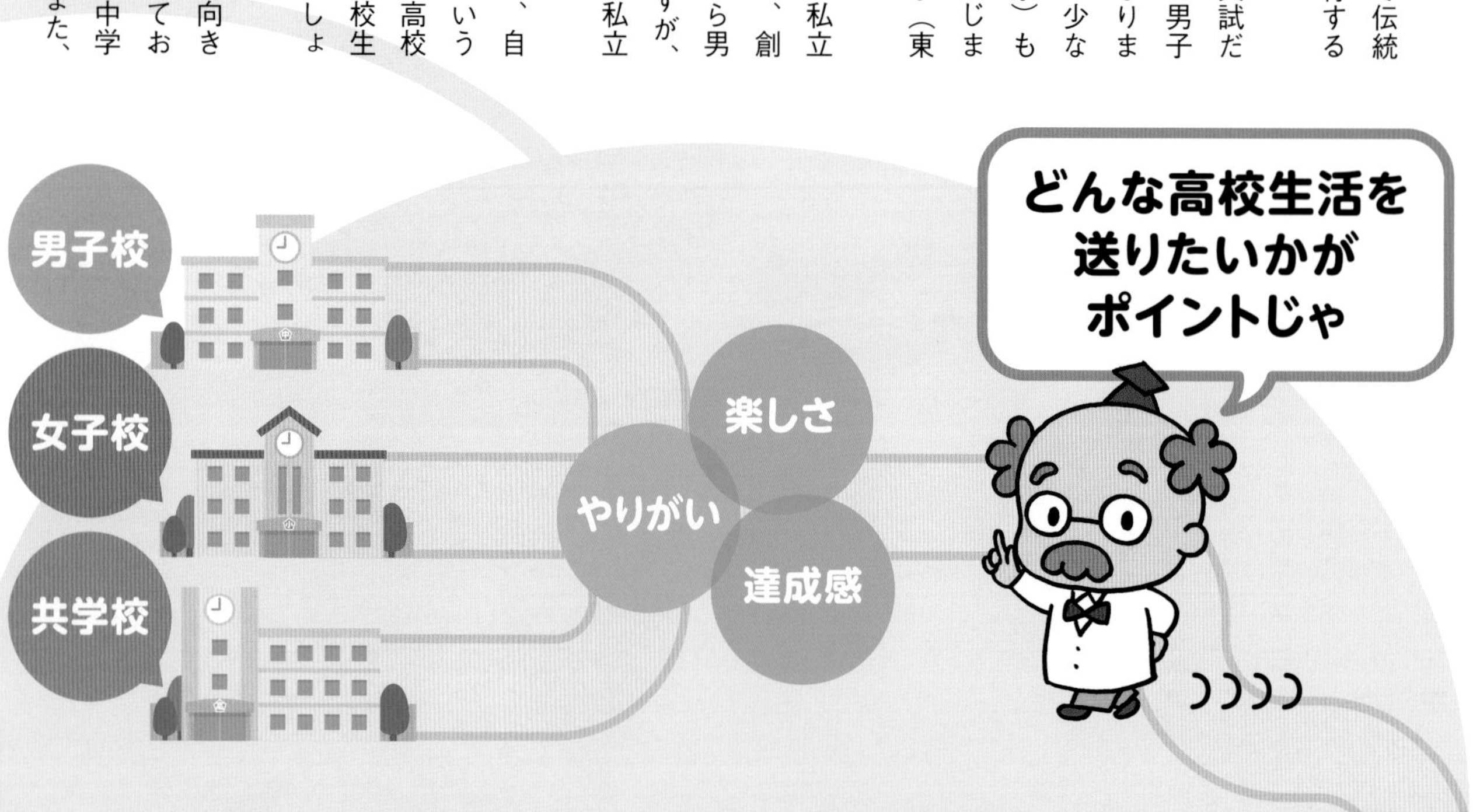

学校選択のための ポイントはココにある

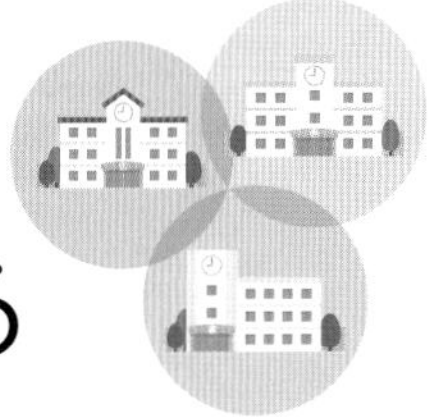

友だちにも相談してみましょう。

共学校人気が続いているが根強い男子校・女子校志望

ここ数年、共学校に人気が集まり、生徒募集ではとくに女子校が苦戦気味といわれていますが、私立高校では先に触れた通り募集のある女子校自体が激減していますから、当然といえば当然です。女子校に行きたくても選ぶ学校が少なすぎ、難度も高いですから敬遠されます。

その流れで、入りやすい女子校までが人気薄となる傾向があります。

公立高校では、全国的に共学校が一般的ですが、伝統ある男子校、女子校もあります。

東京と神奈川の公立高校はすべてが共学校ですが、埼玉と千葉の公立高校には男子校、女子校があります。

首都圏4都県にある、私立高校以外の国公立全日制で男子校、女子校として名を馳せているのは、東京で国立の筑波大附属駒場（男子校）とお茶の水女子大附属（女子校）、埼玉県立の男子校5校（春日部、熊谷、県立浦和、川越、松山）、女子校7校（浦和第一女子、春日部女子、川越女子、久喜、熊谷女子、鴻巣女子、松山女子）、千葉の女子校2校（木更津東、千葉女子）です。

私立高校には、前述したように共学校も多いのですが、男子校、女子校もあり、また、共学校、男子校・女子校の中間的な学校として「別学校」という学校もあります。

東京の国学院久我山、神奈川の桐光学園などは同じ敷地内に男子・女子が在籍していますが、ほとんどの授業、行事、部活動は男女別に行われます。

これらが別学校（併学校）と呼ばれている学校です。かつてはこのタイプの別学校はほかにもあったのですが、多くが共学校へと移行しています。

学校選びの要素としては男子校、女子校と同じと考えていいでしょう。東京の国学

共学校

公立高校、また、私立高校でも男女共学の学校が多くなっています。

プラス

- 共学の公立中学校から進学する場合、男女の環境が変わらずスムースに溶け込める
- 男女がお互いの違いとよさを認めあい、相互に優れた点を吸収することができる

マイナス

- 男子、女子に特化した活動がしにくい

院久我山は、自ら「共学校的別学校」と呼ぶほどです。

男子校・女子校、共学校 それぞれのよさがある

男子校・女子校、共学校にはそれぞれ長所があります。この長所が、自分に合っている学校を選ぶうえで大事な要素になります。

最近は、共学校の方が人気ですが、男子校には男子校のよさが、女子校には女子校のよさがありますので、その人気も根強いものがあります。

かつては、工業高校には男子が、商業高校には女子が、といったイメージがありましたが、最近では工業系の高校に女子が、被服や家政関係の高校に男子が入学するケースも珍しくなっています。

社会のなかで男女差がなくなってきたのに呼応して、高校選びの過程でも男女のこだわりがなくなってきているといえます。

男子校には旧制中学からの流れを汲み、歴史と伝統を持つ学校が多くあります。学校行事、部活動などに徹底して力量を発揮していくタイプの生徒が多いのも特徴の1つといえます。

女子校では「よき母親」を育てるといった教育方針が、かつては前面に出ていましたが、いまでは「国際性、自主性」を重視し、国際的な舞台で力を発揮できる女性を育成する、といったような教育理念へと脱皮し、新機軸を打ち出している学校がほとんどです。

共学校か、男子校・女子校かを選ぶときには、ここまで述べてきたように、どんな高校生活を送りたいかという点が重要です。

男子校

首都圏公立高校の男子校は、埼玉県に5校のみですが、私立高校には多くの男子校があります（千葉私立に男子校はなし）。

プラス

- 伝統校が多く、歴史ある校風を受け継いでいる
- 部活動や文化祭・体育祭などの学校行事を徹底してやりぬくという雰囲気
- 男子のみという環境で育む友人関係が強固で、卒業しても長いつきあいになることが多い
- 先輩からの学びも印象に残り、大学入試への挑戦でもいい影響を受けることがよくある
- 男子同士で切磋琢磨し、スポーツや進学で高い実績をあげている男子校が多い

マイナス

- 女子の考え方や立場に接する機会が少ない

学校選択のためのポイントはココにある

高校の役割は大学進学のサポートだけではありません。人間形成を担う時間としての部分が大きなウエイトを占めています。

今後の社会に求められる人間像も変わってきました。

それぞれの特徴を知り、どのタイプの高校なら自分にとって充実した高校生活が送れるのかを考えてみましょう。自らの成長をどのように作り上げていくか、そのためには、どのような学校選択が必要か、男子校・女子校、共学校、あるいは別学校の、それぞれの意義と、果たす役割、内容について、改めて考えてみましょう。

学校選びの視点として進学実績はもちろん大切ですが、それだけでなく、「人としての成長・人間形成になにが大切か」の視点もまじえて志望校を選ぶことが大切です。

まず考えたいのはこれから成長していく自分のためになにが必要なのか

女子校

首都圏公立高校の女子校は埼玉県に7校、千葉県に2校のみですが、私立高校には多くの女子校があります。

プラス

- 伝統校が多い
- 創始者も女性である場合が多いため、女性が成長していくうえでの「見守り」が大切にされている
- 女子のみという特徴を活かし、それぞれ特徴ある教育理念を掲げて女子教育を行っている
- 異性の目を気にせず、自分の個性を積極的に伸ばしていける
- カリキュラムや部活動でも女性ならではの特性を活かしたプログラムが用意されている

マイナス

- 男子の立場の理解や、考え方に接する機会が少ない

男子校・女子校、共学校、自分に向いている学校とは？

森上教育研究所 所長
森上展安

共学か別学かの択一視点よりも磨いた個性が際立つ学校を選ぶ

前のページまで、男子校・女子校、共学校の違いを見てきました。しかし、それを受験生がリアルに感じるべき「学校を知る機会」が今年は時間的にも空間的にも大きく制限されてしまったことは非常に残念です。そうはいっても「学校選択」は「待ったなし」となっていることも事実です。

今回のテーマである「男子校・女子校、共学校」のどこに自分が合っているのか、まだ「わからない」、「迷っている」という受験生、そしてハラハラと見つめている保護者の方のために、どのような視点で考えればいいのかを、長く受験を通して若者をサポートしてきた森上展安氏にアドバイスしていただきます。

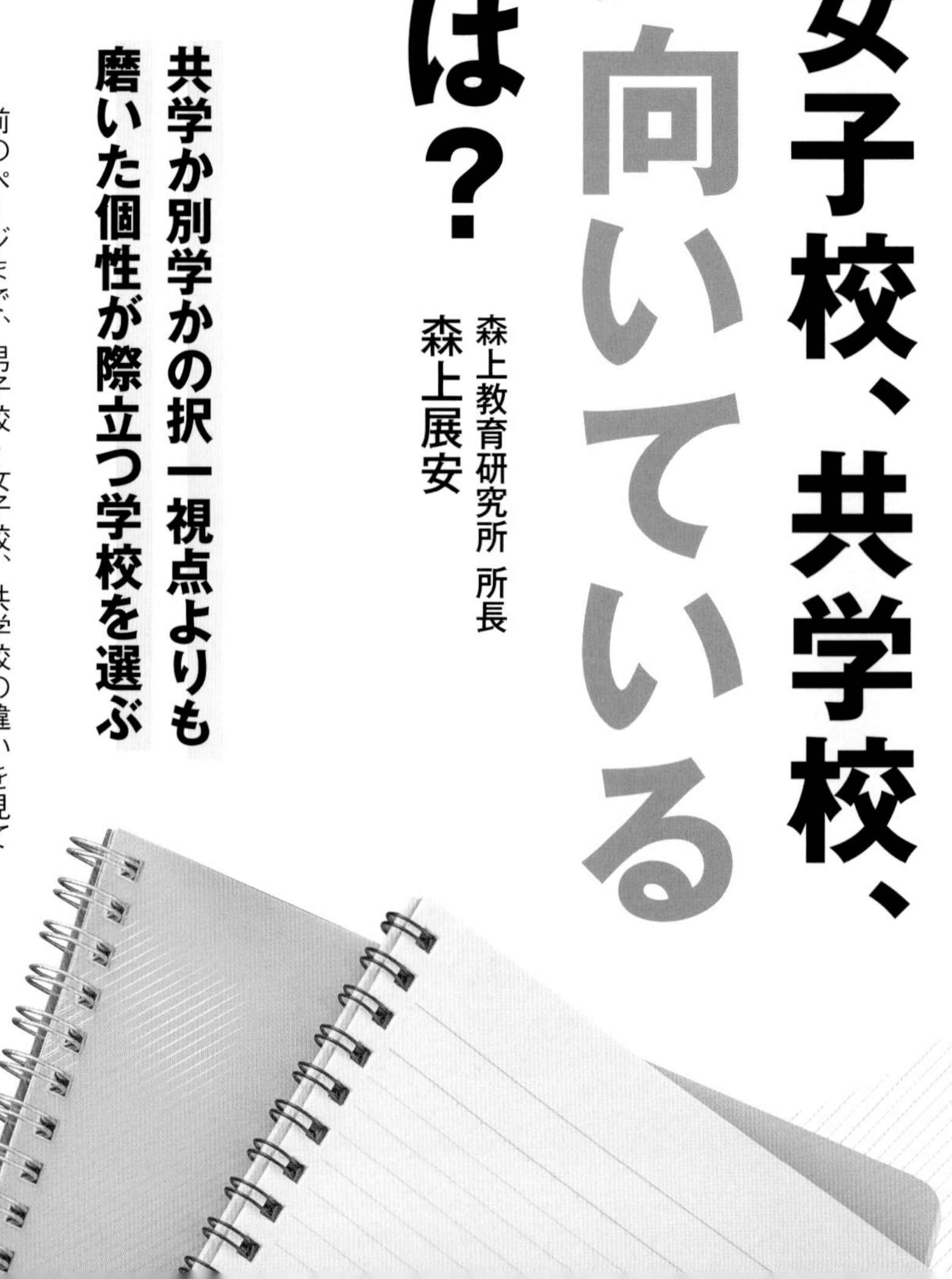

男子校・女子校、共学校、自分に向いている学校とは？

中学から高校に進むころ確立してくるのが自我

中学生から高校生になるときは身体的には性差がはっきりしてきますが、そうした肉体面だけでなく精神的にもとてもしっかりしてきます。いわゆる自我が確立してくる時期となります。

そうなると自分なりの個性を発揮してみたいという気持ちが強くなる一方、行動する世界が急速に拡大するので、わが身の非力さにもいやおうなく気づかされます。

そうしたなかで、自分に向いている学校とはどういうありようの学校になるでしょうか。今回はそこを男女別学か共学校かの視点でとらえて考えてみます。

個性を育むなかで性差の持つ意味は大きなものがあるでしょう。そして同性のなかでの存在感と、対・異性とでの存在感は、もちろん同じではありません。

個々の成長には差がありますが、同性のなかでの存在感を知る時期は、対・異性のそれよりも早く訪れるはずのものですから、中学から高校に上がる時点では、同性のなかでの自分の位置どりはそれなりにできるようになっているのではないかと思います。

問題は対・異性で、こちらは成長が止まり成熟に向かって方向転換しないことにはなかなか位置どりが難しいというべきか、そもそも位置につけないのでは、とも考えられます。

そういう意味で、いわゆる奥手の高校生である場合は、男女別学校がいいでしょうし、早稲《わせ》なら共学校の方がいい位置どりができて活躍しやすいはずです。

ただこれはもっぱら男子生徒について「男子校の方がいいよ」という一般原則のようなもので、女子生徒は精神的成長が早いので、本来女子はそれだけ共学向きが多いのかもしれません。

でもどうでしょうか。

そもそも高校からの進学先は共学校がほとんどで選択の

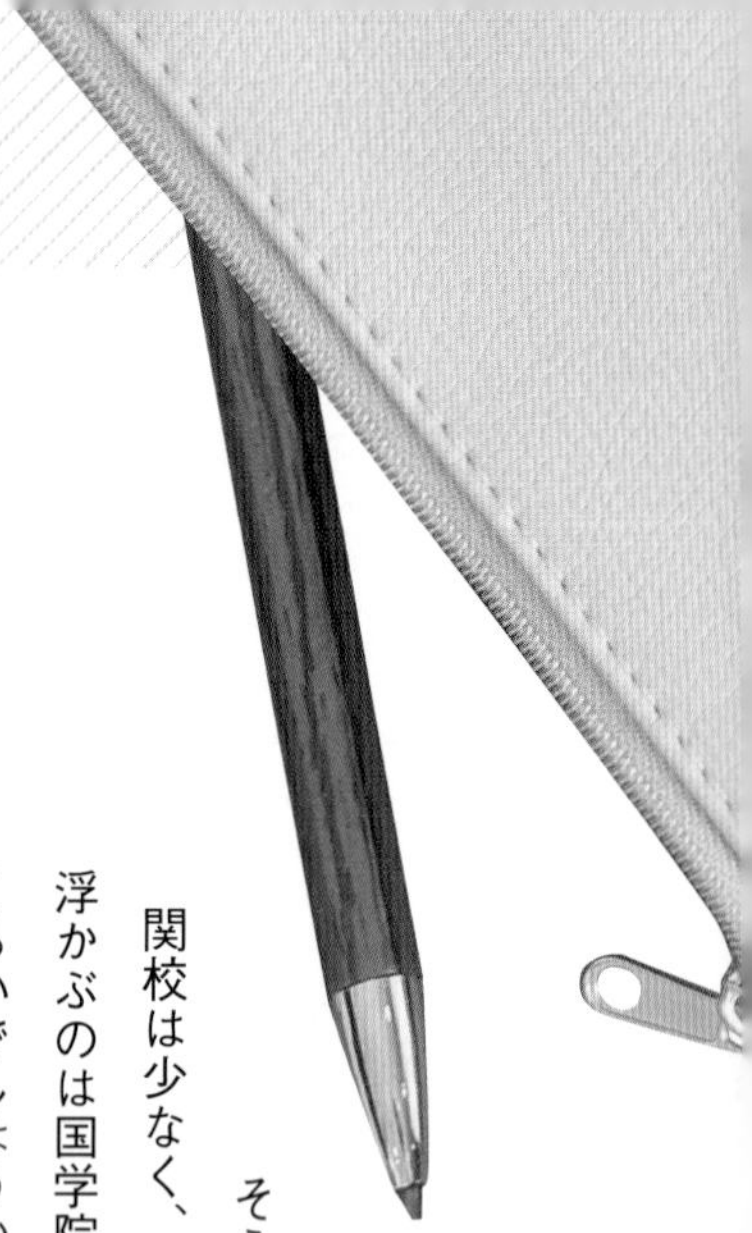

男子校・女子校、共学校、自分に向いている学校とは？

余地がない、という現状もありますね。

そうなのです。男女別学校の現状は男子難関校は少なく、女子難関校は慶應女子ぐらいです。思い浮かぶのは国学院久我山、桐光学園のような別学の共学校くらいでしょうか。この現実を考えると、埼玉の淑徳与野、川越東、城西川越、城北埼玉など埼玉にも視野を広げていくべきなのかもしれません。

そこでよく考えると、女子が調べていい学校として、難関校ではなくとも個性的な女子校が多々あります。

女子美術大付属、女子校ではないが女子がほとんどの国立音楽大附属、東京音楽大付属、上野学園、それから保育の途に進む宝仙学園女子部、白梅学園、留学コースが強みの佼成学園女子、東洋大学グローバルコースのある麴町学園女子と、このように女子校はくっきり個性的です。それに比べて男子は一般的な進学校ばかりとなります。

主体的高校生活に欠かせない もう1つある「学校」の存在

この差はやはり精神的肉体的な性差の成長のスピードの違いに対応したものだ、というのが筆者の見方です。

女子は高校時点で成長は止まり成熟に向かい始めます。個性を磨く方向にいきます。

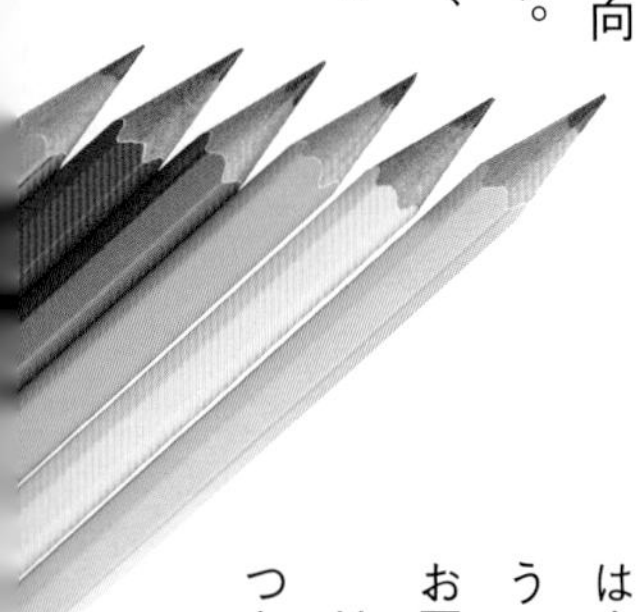

一方、男子はまだしばらく成長途上で、自分の個性について十分な根拠が持てない状況が多いと思います。そのような状況で共学に入ってしまうと、よほどクラブで没入できる場所がないと対・異性戦略が描けないまま受け身に終始してしまい、決して主体的になれず自己肯定感が持てない高校生活になる可能性が大です。

これを退けて共学に通うためにはしつこいですがもう1つの学校、すなわち「クラブ」に逃げ込むべきでしょう。そしてクラブを通じて異性との関係を構築するのは、それがたとえ学内であれ、別学同士であれ、共学の他校であれ、自分のいわば得意分野でのつきあいですから、位置どりはスムーズにできるはずです。

こういうことは女子生徒は十分もしくは適度に移行していることですが、はたして男子は自覚的でしょうか。中学生生活がすでに自覚的である男子は、男子が多い共学校か男子が活躍している学校文化のある文化祭などをみて男子文化のある共学校を選びます。

また、個性を磨くことを自覚した女子は、自らの個性がより際立つ方向の学校を選ぶべきでしょうし、それは男子の場合も同じで芸術、工学、そのほか強みのある学校を選ぶべきでしょう。

そこは共学か別学かではなく、いわば専攻とその先の出口戦略を重視して選びましょう、ということです。

ただ男女とも気をつけたいのは、高校生に必要なことは多様性への理解、ひるがえって共同性への理解だということです。私たちは1人では生きていけないとともにお互いに生かしあわないと不便な存在です。

性を越えたところの人間存在について考える視点を持つということに自覚的であってほしいと思います。

森上教育研究所
1988年、森上展安氏によって設立。受験と教育に関する調査、コンサルティング分野を開拓。私学向けの月刊誌のほか、森上を著者に教育関連図書を数多く刊行。

その秘訣教えます

“伝わる”プレゼンテーションとは？

最近では、探究学習や英語の授業で取り組まれることもあるプレゼンテーション。そのために必要なスキルは将来、社会に出てからも役立ちます。今回はそんなプレゼンテーションについて、ＮＨＫ放送研修センター・日本語センターの合田敏行さんにお話を伺いました。

プレゼンテーションってなんだろう？

プレゼンテーション（以下、プレゼン）とは、ひと言でいうと情報伝達手段の1つです。事前に自分の考えをまとめ、相手に口頭で発表することをさします。語源は、英語で提示や贈りものを意味する「present」で、そこから相手に自分のとっておきの情報を届ける情報伝達の手段を表すようになったといわれています。

プレゼンという単語にあまり聞きなじみがない人も、授業中に調べ学習などの成果をクラスで発表したことがあるのではないでしょうか。それもプレゼンの一種といえます。

しかし、プレゼンは聞き手の共感を得ようとするという点で、単なる説明とは異なります。情報という贈りものをきちんと渡せたプレゼンは、聞き手の心を動かすことができます。すると、相手からプレゼンで発表したアイディアを採用してもらえたり、研究内容を聞いた相手が満足感を得ることができたりといった結果につながります。このように、話を聞いた多くの相手から共感してもらうことこそが、プレゼンを行う目的になります。

共感を得るには自分の最も伝えたい情報はなにかをまとめておく必要があります。補足情報の映像・資料の用意や、身振り手振りを取り入れた聞きやすい雰囲気作りなどの工夫を行うことも効果的です。

プレゼンは言葉や態度、視覚情報など様々な要素を組みあわせて情報を発信するものといえます。

合田《ごうだ》 敏行《としゆき》さん

東京大学文学部国語国文学科国語学研究室卒業後、アナウンサーとしてNHKに入局。現在は一般財団法人 NHK放送研修センター・日本語センター 部長として、企業向けの研修などを担当。

プレゼンがうまくなるメリット

突き詰めて物事を考えられる

プレゼンがうまくなると、どんなメリットがあるのでしょう。それは、「突き詰めて物事を考える力」がつくことです。

次のページで詳しくお伝えしますが、プレゼンでは、話す内容を自分のなかでしっかり突き詰めて考えていることが前提になります。

なかには「自分の言いたいことが伝わらない」という悩みを抱えている人もいるかもしれませんが、それは、伝えたいことを自分のなかで整理しきれていないことが原因とも考えられます。自分は聞き手にどのようなことを理解してほしいのか、もう一度よく整理しましょう。

経験を積み重ねていけば、突き詰めて考える力だけではなく、伝えなければならない最も大事なことを、すぐに決められる分析力や判断力も養われていきます。そうすれば、準備時間が与えられていないプレゼンであっても対応できるようになるはずです。

もし自分について話すのであれば、自己分析することになるので、自らを理解することにもつながります。

相手の立場に立てるようになる

右ページでお伝えしたように、プレゼンは相手に内容が伝わることが大切です。

では、どのような話であれば聞いてくれるのか、それは聞き手が聞きたいと思うような話です。ですから、聞き手が関心を持ってくれるためには、どのような内容を盛り込めばいいのか、どのような話し方をしたら理解してもらいやすいのか、とつねに相手のことを念頭において準備をし、本番に臨まなければなりません。そうした経験を通して、相手の立場で物事を考えられるようになっていくでしょう。

自分の意見を伝える一方向の力が身につくイメージのあるプレゼンですが、じつは双方向であるコミュニケーション力を伸ばすことができるのです。

面接にも活きる

プレゼンと面接は、聞き手に対して自分の思いを伝え、理解してもらうという点では同じです。ですから、プレゼンを通して身につける力は面接にも活きてきます。中学生のみなさんは、これから入試などで面接を受ける機会もあるでしょう。次ページからお伝えする話し方や姿勢などのアドバイスは、面接の際にも役立ちます。ぜひ実践してみてください。

プレゼンの極意

ここでは、プレゼンを成功させるために重要なポイントを「構成」「態度」「話し方」という３つのカテゴリーに分けてお伝えします。しっかり押さえておきましょう。

構成

わかりやすく伝えるための事前準備

プレゼンを成功に導くために大切なのは、自分の伝えたいことがしっかりと定まっていることです。そのためには、事前に伝えたいことを突き詰めて考えておくことが重要です。

プレゼンする前の準備として、話す内容を組み立てる練習をしてみましょう。まずは、何の話か、タイトルを示し、次に結論を短いメッセージで聞き手に提示します。そこから話のポイントとなる部分を小見出しのようにいくつか設定することで、聞き手は「何の話をしているのだろう」というストレスを抱えることなく聞き進めることができます。

タイトルと結論、小見出しを作ってから詳細を話し出すことを意識し、聞き手が理解しやすい構成で伝えられるよう気をつけましょう。

話の組み立て方

タイトル	何の話？
結論	言いたいことをひと言で
▼	
詳細	では、詳しく説明します。 小見出し 内　容 小見出し 内　容 小見出し 内　容
▼	
まとめ	結論を簡潔に繰り返す

態度

姿勢はまっすぐ、視線は遠くに

プレゼンに限らず、人前で話をするうえで自分の印象を左右するのが、姿勢や表情などの態度です。とくに、姿勢の良し悪しは次ページで述べる「声」にも影響を与えるため、重要な要素といえます。手元のメモばかりを見ていたり、目線が泳いでいる状態で話し続けたりしてしまうと、声のトーンが下がり、自信がなさそうな印象を与えてしまいます。「目の届かないところに情報は届かない」ということを念頭におき、一番遠くにいる人に話しかけるイメージでプレゼンしましょう。

笑顔と適度な動きでリラックス

姿勢と同じように、表情の作り方も気をつけたいところ。聞き手との心理的な距離を縮めるためにも、笑顔で話し出すと効果的です。緊張すると表情が硬くなりがちですから、意識して笑顔を作りましょう。

また、身振り手振りを加えると、話し手自身もリラックスして進めることができます。適宜スライドの方を手で示すなど、視覚的な情報をうまく使うと聞き手の注目を集めることができておすすめです。ただし、もじもじ、そわそわして小刻みに動いたりすると逆効果になってしまいます。落ち着いた動きと明るい表情が、好印象を与えるコツです。

©UTOIMAGE / PIXTA

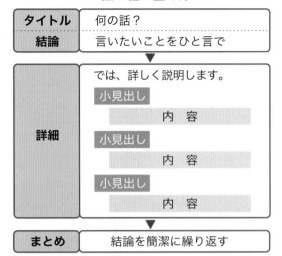

話し方

1文を短くして沈黙を作る

緊張すると、話し手はどうしても早口になりがちです。そのまま慌てて次の話をしようとすると、聞き手は内容が理解できないままどんどん進んでしまいます。それを避けるために重要なのは間《ま》を取る、つまり沈黙する時間を作ることです。スピードは自分の話しやすいペースでもいいので、間を十分に取るように意識してみましょう。

沈黙する時間を作るためには、文を1つひとつ短くまとめなければなりません。伝えたいことを絞り、端的にまとめて話すことで、相手にも伝わりやすくなります。短い文を積み上げていくことでテンポもよくなるので、多少言葉が重複しても、1文を短くして話せるように練習しておきましょう。

出だしの声が肝心

プレゼンの命運を握っているといっても過言ではないのが、声のコントロールです。出だしの声は自分のなかで最も明るく、高い声で始める意識を持つと、聞き手の関心を集めることができます。身体に力を入れず、リラックスした状態で発声することが大切です。前述の通り、声のトーンは姿勢とも深くかかわっているので、背筋を伸ばして肩を落とした体勢をキープするといいでしょう。

また、「ラ行が苦手」「サ行が言いづらい」など人それぞれ苦手な発音があるかもしれませんが、口の周辺や舌を正確に動かすことで明瞭な発音に近づきます。動きは小さくても正確に動かすこと、唇と舌を盛んに動かして練習を重ねることが大切です。

日本語特有の抑揚を活かそう

日本語が持つ特有の抑揚として、「ダウンステップ」というものがあります。例えば電話番号を聞かれた際に「××-1234-5678」と発音すると、後ろにかけて自然に音が下がっていると思いませんか？　この自然に下降していく音の流れは、日本語を使うなかでおのずと身についており、プレゼンのなかでも効果的に使うことができます。意味が区切れる部分やフレーズの終わりを下げ、助詞や文の最後を上げないよう気をつけることで、聞き手に落ち着いた印象を与え、違和感なく言葉を届けられるのです。下の文は、ダウンステップを意識して読むと文章の意味が変わる2つの例です。どの音を下げると正しく伝わるか、実際に発音して試してみましょう。

CASE 1　泥だらけなのはどっち？　少年は泥だらけになって逃げるイヌを追いかけた。

少年は泥だらけになって／逃げるイヌを追いかけた。……▸ 泥だらけなのは少年
少年は／泥だらけになって逃げるイヌを追いかけた。……▸ 泥だらけなのはイヌ

CASE 2　お茶を飲んでいたのはどっち？　少女はお茶を飲みながら本を読む少年を見た。

少女はお茶を飲みながら／本を読む少年を見た。……▸ お茶を飲んでいたのは少女
少女は／お茶を飲みながら本を読む少年を見た。……▸ お茶を飲んでいたのは少年

LESSON

＼やってみよう／

複数の単語を組みあわせると、上下する場所が変わります。発音して確かめてみましょう。

1	2
神奈川　かながわ ···▸ 神奈川県　かながわけん □　□□□ □ □□　□ □□	緑　みどり ···▸ 緑色　みどりいろ □　□□□□ □□　□

プレゼンしてみよう

プレゼンのポイントを押さえられたら、次は実践編です。
苦手克服やステップアップの方法をお伝えします。

©maroke / PIXTA

苦手な子は

まずは聞き手の顔を見よう

人前で話すのが苦手な人は、聞き手を見るとさらに緊張してしまうため、一度も聞き手の顔を見ないで話してしまうということはありませんか。それでは、苦手意識をなくすことはできません。まずは聞き手に目を向ける練習をしましょう。ところどころに問いかけを組み込むと、自然と聞き手に視線がいくので効果的です。

面接においても、面接官の顔を見て話すようにしたいものです。ただ、ずっと視線を合わせていると、どうしても緊張してしまいます。その場合は、話す内容を考えている間は少し視線を下げ、話し始めるタイミングで視線を上げ、面接官と目を合わせて回答するようにします。

また早く終えたいばかりに、ついつい早口になるかもしれませんが、ぐっと我慢して、17ページでお話しした間を取り入れてください。

好きなテーマで練習

練習する際は、まず、趣味や尊敬する歴史上の人物など、自分の好きなものや人をテーマに話してみましょう。そうすれば、気持ちを込めて話すことができると思います。

ただ、相手の立場で考えるというポイントを忘れてはいけません。それがどういうもの（人）なのか、相手がイメージしやすいように、「きれい」「すごい」など抽象的に説明するのではなく、具体的な数値やエピソードを取り入れつつ伝えましょう。

「彼は次のように言いました。『○○○○』」といった会話文を組み込むのもおすすめです。

自分で改善点を見つける

鏡で自分が話している様子を見ながら練習することや、録画、録音するのも効果的な方法です。

自分の姿を見たり声を聞いたりするのは、嫌なものかもしれません。しかし、改善点は、人に指摘されるよりも、自分で気づく方が、確実に直すことができます。

自ら改善点を見つけることが、その後の成長につながるのだと考え、上記の方法を実践してみてください。

一方で、1人ではなく、友だちや家族といっしょに練習して、ほかの人のプレゼンを聞くのも勉強になりますよ。

得意な子は

疑問詞を活用する

プレゼンが得意な人の場合も、苦手な人の場合と同様、聞き手に対する問いかけを組み込むといいでしょう。

全員に呼びかけて手をあげてもらうような質問（Yes/No）や、相手に答えを考えてもらうような「なぜ（Why）」という問いかけをしてみてください。

さらにステップアップしたいなら「もし○○という事態が起きたら？（If）」といった質問で相手の想像力を刺激したり、具体的な数値（How many）を聞いてみたりするのもいいですね。

例：環境問題における質問

- Yes/No：10年後、地球環境はよくなっていると思いますか。
- What：環境問題で一番気になるのはなんですか。
- Why：なぜ、温暖化が進んでいるのでしょう。
- If：もし、石油がなくなると、私たちの暮らしはどうなるでしょう。
- For example：私たちも温暖化防止に貢献できます。例えばどんなことができるでしょう。
- How many：この100年で、世界の海面はどれぐらい上昇したでしょう。

得意だからこそ間を意識する

プレゼンが得意な場合は、過度に緊張することなく、すらすらと話せるかもしれません。

ただ、次々に言葉が出てくるがゆえに自分のペースで進め、聞き手が話についてこられていない可能性も考えられます。

得意なみなさんほど、途中途中に間を取り、聞き手の表情や反応を確認しながら話すことを意識してください。

まとめ

ここまでプレゼンのポイントや練習方法などについてみてきました。いかがでしたか。プレゼンは、高校や大学、そして社会に出てからも取り組む機会がたくさんあるはずです。

苦手なみなさんにとっては憂《ゆう》鬱《うつ》かもしれませんが、そんなときは、この特集を思い出して前向きに練習してください。得意なみなさんは、疑問詞を活用すると、さらにプレゼンスキルを磨くことができますよ。

友だちや家族と楽しく練習して、将来に役立つ判断力や分析力、コミュニケーション力を身につけていきましょう。

合田さんからの面接アドバイス

面接での受け答えも、プレゼン同様、最も伝えたいことを先に話し、短い文を心がけます。1文が短ければ、面接官も質問を挟みやすく、会話のキャッチボールが成り立つからです。

質問の回答が浮かばず困ってしまったときは、沈黙を恐れてとにかく話し始めるのではなく、「それはこういう質問と受け取ってよろしいでしょうか」「私の経験からお話ししてもよろしいでしょうか」と面接官に問いかけてみるのも1つの方法です。きっと助け船を出してくれるから大丈夫ですよ。

合田さんからのメッセージ

プレゼンは、だれでも緊張するものです。私もいつもと異なる場所で話すと緊張します。しかし、ポイントを押さえて練習していけば必ず上達します。その際に有効なのは、自分を客観視することです。気づきを大事にしましょう。

途中で話す内容を忘れてしまったとしても、笑顔で次に話すことを考えます。間をとっても不自然ではないので心配いりません。

プレゼンの練習は自分自身を磨くチャンスです。そのチャンスを逃さないでください。

Special School Selection

高入生と連絡生が切磋琢磨する環境で多彩なプログラムに取り組める

東京都 世田谷区 ● 男子校

筑《つく》波《ば》大《だい》学《がく》附《ふ》属《ぞく》駒《こま》場《ば》高等学校

所在地：東京都世田谷区池尻4-7-1
アクセス： 京王井の頭線「駒場東大前駅」徒歩７分、
東急田園都市線「池尻大橋駅」徒歩15分
生徒数：男子のみ489名
TEL：03-3411-8521
URL：https://www.komaba-s.tsukuba.ac.jp/

●３学期制
●週５日制（隔週で土曜授業あり）
●月～金６時限、土４時限
●50分授業
●１学年４クラス
●１クラス40名

筑波大学附属駒場高等学校では、高入生と連絡生が高1から同じクラスで学びます。水田学習や課題研究など、多彩なプログラムに取り組みながら、互いに刺激しあい、成長していくことができる環境です。

学業に加えて学校行事やクラブ活動も大切にする

筑波大学附属駒場高等学校（以下、筑波大附属駒場）は、全国でも屈指の名門男子進学校です。

その歴史は、１９４７年に開校された東京農業教育専門学校附属中学校を始まりとします。その2年後に東京教育大学の附属校となり、１９７８年には筑波大学の附属校となって現在にいたります。２０１７年に創立70周年を迎えました。

教育方針は、「『学業』『学校行事』『クラブ活動』の3つの教育機能を充実させ、学校という場で生徒の全面的な人格形成を促し、発達させていく」とされています。

そして学校目標には「自由・闊達の校風のもと、挑戦し、創造し、貢献する生き方をめざす」と掲げられています。

北《きた》村《むら》 豊《ゆたか》 校長先生

北村豊校長先生は、「本校は教育方針にもある通り、学業だけでなく、学校行事、クラブ活動も大切にしている学校です。生徒は何事にも熱意を持って取り組んでいます。その取り組みの先に、日本、そして世界を引っ張っていく『真のグローバル人材』に成長してほしいと思います。

今年は、新型コロナウイルス感染症の影響で、学校行事やクラブ活動が十分に行えていないのが残念ですが、学業においては、休校期間中も、授業動画の配信や、オンライン上での双方向のやりとりなどを活用して学びを支援していました」と話されます。

高入生の不安を取り除く配慮も

筑波大附属駒場には、高校受験を経て入学する高入生と附属の中学校から進学してくる連絡生と呼ばれる生徒がいます。高1から高入生10人と連絡生30人のクラスが編成され、机を並べてともに学びます。1学年4クラスで、毎年クラス替えが行われます。

連絡生の人数が多いことから、クラスにうまく溶け込めるかどうか不安を感じる高入生もいるでしょう。しかし、筑波大附属駒場には、仲間の個性を受け入れ、才能を認めあう雰囲気があるので心配いりません。

また、入学から1カ月が経ったころに、高1の各クラスを受け持つ担任団が高入生を集めて話を聞く相談会が行われるといった配慮もされているので安心です。

高校受験に向けて、しっかりと各教科の学習をしてきた高入生と、附属中学校で、高校受験にとらわれない探究的な学びを中心に勉強してきた連絡生が切磋琢磨することで、それぞれのよさを発揮しながら成長していくことができます。

実技も含め幅広く学ぶ本物に触れることも重視

筑波大附属駒場は、教養主義が伝統となっており、体育や芸術といった実技科目も含め、幅広く学ぶカリキュラムが編成されています。

高1は芸術科目、高2は芸術科目と理系科目（物理基礎または地学基礎、化学または生命科学のどちらかを選択）を除き、共通履修

図書室

施設

図書室やコンピュータスペースといった学習施設はもちろん、プールやトレーニング室、武道館などの運動施設もそろっています。

プール

コンピュータスペース

体育祭

例年２日間にわたって行われる体育祭。綱引きやリレー、サッカーなどの団体種目に加え、剣道や相撲などの個人種目で競いあいます。

です。高3でも文系と理系に分けることはせず、多くの選択科目から進路によって科目を選ぶ形です。

授業で大切にされているのは、ただ知識を覚えるということではなく、生徒が考えながら学ぶことです。

また、筑波大附属駒場では、本物に触れる学びを重視しており、例えば理科では、数多くの実験が行われます。通常は4人1組などの班で取り組みますが、現在は密になる状態を避けるため、班を作らずに個々に実験を行うなど工夫して実施されています。

本物に触れる学びとしては、創立以来続けられている「水田学習」も特徴的です。

高1全員が学校近くにある水田で1年間かけて田植え、稲刈り、脱穀という「米作り」を体験します。できあがったお米で餅をついてみなで味わうほか、赤飯を作って卒業式と入学式に配ります。

「今年度は、新型コロナウイルス感染症予防の観点から、生徒ではなく教員が苗を植えました。ただ、少し植えていない部分があったので、分散登校開始後の6月中旬に生徒にも体験してもらいました。

高1全員が、1年間をかけて取り組む水田学習。創立以来行われている筑波大附属駒場の特徴的な取り組みです。

文化祭

行事のなかで最も盛り上がる文化祭は、例年11月に3日間の日程で開催されます。展示や縁日、お笑いライブなど、多彩な内容です。

実際に田んぼに入り、自分で植えた稲がどう育っていくかを1年かけて見守っていく、それは貴重な経験になると思います。水田学習に取り組むのは高1だけなので、このような状況でも田植えから経験することができてよかったです」（北村校長先生）

SSHや課題研究などの多彩なプログラム

2002年度からスーパーサイエンスハイスクール（SSH）に指定されている筑波大附属駒場では、全生徒を対象に各科目でSSHの要素を入れた授業が展開されています。

例えば、情報科の教員が担当する「メディア虎の穴」では、研究を行うために必要な情報の調べ方・集め方から、論文の書き方、プレゼンテーションの方法まで学んでいきます。

また、国際数学オリンピックに中高6年間挑戦し、5個のメダルを獲得した卒業生によるワークショップなども開かれています。

国際交流プログラムもあり、例年、台湾の台中第一高級中学を訪れて、授業に参加するとともに、研究成果を発表しています。今年度は、現地を訪れることはできませんが、オンライン上で発表を行う予定です。このほか、韓国の釜山国際高校とも相互交流が行われています。

筑波大附属駒場では、以前から奈良と京都でフィールドワークを行う「関西地域研究」やゼミ形式で研究を進める「課題研究」が実施されており、そこでの学びもSSHに活かされています。

1 2 3 5 4 6

1 進学懇談会　2 生物の授業　3・4 小学生向け理科実験教室
5・6 国際交流プログラム

「関西地域研究」は、5～6名の班に分かれ、高1の後半からテーマを決めて事前学習を行います。調査後にはレポートを提出し、冊子にまとめます。

「課題研究」では毎年約10の講座が開かれ、生徒は興味関心のある講座を選んで受講します。講座は筑波大附属駒場の教員が担当し、文系から理系まで様々なものがあります。希望者は、高3でも研究を続けることが可能です。

ここまで紹介したプログラム以外にも、筑波大学の研究室を訪問する高大連携教育、地域社会に貢献する「筑駒アカデメイア」など、様々な取り組みが用意されています。「筑駒アカデメイア」では、小学生を対象にした理科実験教室などが開かれており、筑波大附属駒場の生徒が先生役を務めます。

卒業生から話を聞き海外志向が増加

進路指導においては、前述した筑波大学との連携プログラムに加え、高2の「進路懇談会」や高3の「進学懇談会」など、卒業生から話を聞く機会が豊富に用意されています。

海外大学進学予定（9月入学）の卒業生からは、どうして海外大学を志望したのか、合格までにどのような過程を経たのかといった話を聞きます。そうしたことから、高校時代に留学に挑戦する生徒や、海外大学を志望する生徒も徐々に増えているそうです。

探究的な学びや本物に触れる学びで学力を伸ばす一方、学校行事やクラブ活動にも積極的に取り組む筑波大附属駒場生。今年度は、学校行事の開催が難しく、例年5月に行われている音楽祭なども中止になっています。しかし、生徒は音楽祭に代わるものを実施したいと考え、行動に移しているそうです。それが、自宅などで1人ずつの歌声を録音し、全員の歌声を合わせて編集した記録を残そうという動きです。

このように、筑波大附属駒場の生徒は、困難な状況においても、なにができるのかを考え、行動できる力を身につけています。

最後に北村校長先生に、読者のみなさんに向けてメッセージをいただきました。

「勉強は机の上だけでするものではありません。学校行事やクラブ活動も学びの場です。本校には、教室以外にも学びの場があり、教員はそうした学びを応援してくれています。色々なことに取り組んでみたいと考える生徒さんにとって、楽しく学べる学校だと思います」

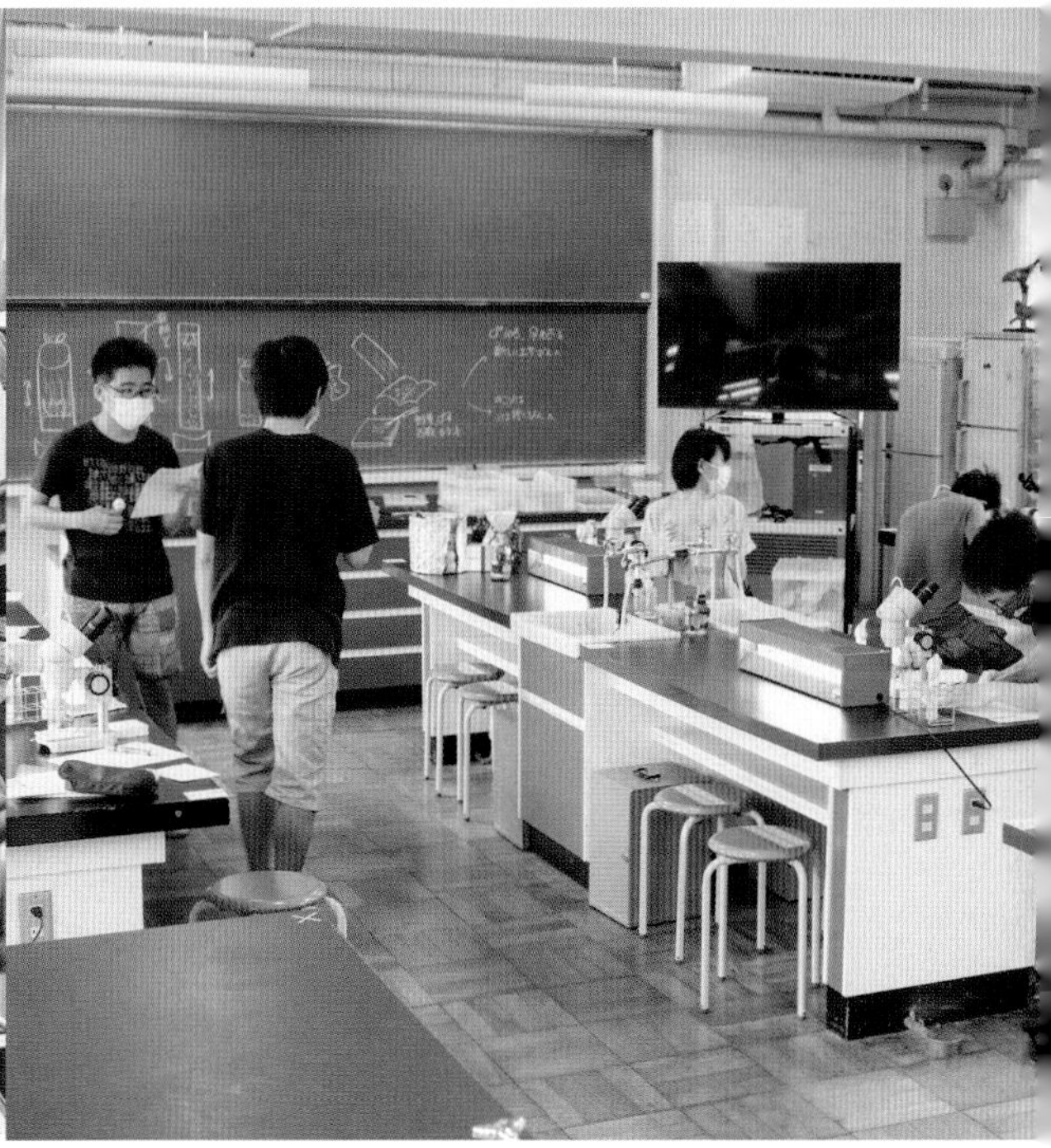

学校生活

筑波大附属駒場には、国際交流や小学生向け理科実験教室など、様々なプログラムが用意されています。

写真提供：筑波大学附属駒場高等学校

■2020年３月卒業生　大学合格実績抜粋　（ ）内は既卒

国公立大学		私立大学	
大学名	合格者数	大学名	合格者数
北海道大	1（0）	早稲田大	59（26）
筑波大	3（1）	慶應義塾大	50（17）
東京大	93（21）	上智大	6（1）
東京医科歯科大	4（1）	東京理科大	9（5）
東京工業大	3（1）	中央大	2（1）
東京農工大	1（1）	法政大	2（2）
一橋大	3（1）	明治大	5（4）
千葉大	2（0）	立教大	2（1）
横浜国立大	2（0）	東京医科大	1（1）
横浜市立大	1（1）	東京慈恵会医科大	6（2）
京都大	1（1）	日本医科大	1（1）

公立高校WATCHING

埼玉県立　共学校

大宮《おおみや》高等学校

学校全体に根づく「チーム大宮」の精神

埼玉県立大宮高等学校は、質の高い授業と丁寧な進路指導に定評があり、毎年多くの生徒を希望の進路へと導いています。「チーム大宮」というスローガンのもと、生徒・教職員・保護者が一致団結する雰囲気も魅力です。

学びあい、励ましあい支えあっていく

普通科と理数科の2つの科を持つ埼玉県立大宮高等学校（以下、大宮高）の創立は１９２７年。開校後しばらく男女別学でしたが、１９９１年に男女共学の理数科を１クラス設置、２０１０年には普通科も男女共学となり、現在は埼玉県立高校のなかでもトップレベルの大学合格実績を誇る男女共学の進学校として、多くの卒業生を難関大学へ輩出しています。

そんな大宮高がめざすのは、「勉強と部活動等の両立の実践と自主自律の精神の涵養《かんよう》により、高い志と強い使命感を持ったトップリーダーを育成する学校」です。

さらにこれを実現するために、「チーム大宮」をスローガンとして掲げているのも特徴です。このス

ローガンについて加藤秀昭校長先生は、「『受験勉強は団体戦である』といわれています。生徒同士、生徒と教員で互いに『学びあい、励ましあい、支えあい』ながらみんなで頑張っていく。また、保護者のみなさんにも『チーム大宮』の一員として、色々なサポートをしていただく。

　そうしてみんなで、勉強、行事、部活動に懸命に取り組んで充実した高校生活を送るとともに、大学受験では目標を高く持ち、諦めないで第1志望に挑戦してほしいと思います」と話されます。

加藤《かとう》 秀昭《ひであき》 校長先生

所在地：埼玉県さいたま市大宮区天沼町2-323
アクセス：JR京浜東北線・高崎線・宇都宮線「さいたま新都心駅」徒歩10分
TEL：048-641-0931
生徒数：男子572名、女子518名
URL：https://ohmiya-h.spec.ed.jp/

- 2学期制　● 週5日制（土曜授業年17回）
- 月～金曜5時限、土曜3時限
- 65分授業
- 1学年10クラス（普通科9クラス、理数科1クラス）
- 1クラス約40名

普通科、理数科とも質の高い授業を展開

「教養教育」を教育の基本とする大宮高では、普通科の高1は幅広い分野を共通履修で学びます。高2になると一部選択科目を導入して緩やかに文理分け、高3で本格的に文系クラス、理系クラスに分かれます。

　幅広い分野を学ぶのは理数科も同様です。ただし、理数科目の授業が多く設定されていて、3年間を通して理数分野の専門性を高められるカリキュラムとなっています。高2で興味関心のあるテーマを研究し、最終的に発表会で成果を披露する「課題研究」に取り組むのも理数科ならではです。

　このように普通科と理数科は異なるカリキュラムで学び、クラス数も普通科は9クラス、理数科は1クラスと偏りがありますが、部活動や行事などではつながりを持てるため、両者は互いにいい刺激を与えあいながら、学校生活を送っています。

　また、理数科の教室を中央に配置して交流が生まれやすい環境を作り出すことで、学年全体、ひいては学校全体が「チーム大宮」として一致団結できるように工夫もしています。

　そして、「授業で勝負」を掲げる大宮高では、2学期制を導入するとともに、授業時間を65分に設定。土曜授業も年17回ほど行うことで、十分な授業時間を確保しています。そのなかで、教員も生徒も高い意識を持って授業に臨んでいるため、どの教科でも質の高い授業が展開されています。

　なお、2学期制ではあるものの、例年、年5回の定期テストに加え、長期休み明けに「大高《おおこう》テスト」を行うのも特筆すべき点です。現在の学力を把握する機会を細かく設けて生徒の伸び悩みを早期に発見し、その都度適切な対策を講じるシステムを整えているのです。

　加えて、きたる大学入試改革に向けて、校内でプロジェクトチームを立ち上げ、新しい大学入試にも対応できる力を養うための主体的・協働的な授業も実践を始めています。その一例として今年度か

3日間の国内留学プログラム
「エンパワーメントプログラム」

学校行事

大宮高の生徒は行事にも全力投球。とくに文化祭や体育祭は例年とても盛り上がります。

体育祭

遠足

文化祭

修学旅行

らは、総合的な探究の時間の実施内容を変更しました。

「高1では探究活動の資質を養い、高2では、『人文・文化』『社会・国際』『理工』『医学』『芸術』など9つの学群に分かれ、本格的な『探究』活動に取り組んでいます。取り組みを通して、生徒の課題設定・解決能力が伸長することを期待しています」（加藤校長先生）

どんなときでも前向きな姿勢で

こうして質の高い授業を日ごろから実践する大宮高では、新型コロナウイルス感染症の影響による臨時休校中にも、様々な教育支援活動を行っていました。例えば、Google Classroomを活用した課題の配付・回収、アンケートの実施、YouTubeを用いた学習用動画の配信、Google Meetによる個人面談などです。

学習用動画は「大宮高の生徒に必要な学習」だと先生方が考えた内容の動画を作成・編集したといい、その数は200本以上にものぼったそうです。このとき培ったノウハウを活かしながら、今後も対面授業とオンラインでの教育活動を組みあわせて、学習支援を継続していくといいます。

「学校再開後は、時差通学に対応するために学校の開錠を7時半に早め、校内各所に手指消毒液を設置、手洗いの励行、清掃時の校内消毒など、感染症予防を行っています。生徒たちは学校再開を喜んでいるようで、校内で元気な声が聞こえてきます。

残念ながら、今年の体育祭と文化祭はどちらも中止になりましたが、文化祭の代替行事を計画中です。普段の授業や部活動も感染対策を講じ、様々な工夫をしながら実施しています」と加藤校長先生は話されます。

休校中には吹奏楽部でテレワーク合奏を試みるなど、このような情勢でも前を向き、可能な範囲で活動をしていた大宮高の生徒たち。

まさに学校がめざす「勉強と部活動等の両立の実践と自主自律の精神の涵養」を体現する生徒へと育っているといえるでしょう。

授業

座学の授業のみならず、実技の授業にも熱心に取り組みます。

体育

情報

国語

美術

5年後、10年後を見据えた教育

　冒頭でも触れた通り、「チーム大宮」の考えは、進路指導の面でも発揮されています。大学受験は団体戦ととらえ、生徒同士、生徒と教員、さらには保護者も一丸となって第1志望の大学をめざし、実際に多くの生徒が合格切符をつかみとっています。

　生徒が希望進路を実現するうえで大きな力になっているのが、教員の手厚いサポートです。『進路面談ノート』を使った丁寧な面談、テストや模試の成績をふまえて生徒1人ひとりへの指導方針を話しあう「進路検討会」の実施、多様な進路行事の開催など、様々な取り組みを実践しています。

　なお、進路行事は校内での「進路説明会」や「キャリアガイダンス」に加え、大学の研究室や理化学研究所を訪れる機会も設けています。そのほか、早朝や夏休みに開かれる大学受験に向けた講習や、学力向上をめざして勉強漬けの日々を送る高3対象の「学習合宿」（夏休み・4泊5日）なども用意しています。

　このように様々な場面で「チーム大宮」として「学びあい、励ましあい、支えあう」雰囲気が魅力の大宮高。最後に加藤校長先生からメッセージをいただきました。

　「生徒にはよく『自分を活かす力』『いまやるべきことを見抜く力』を身につけようと伝えています。自らの能力を最大限に伸ばすとともに、自分の行動を自分で律して計画的に行動できるようにもなってほしいと思っています。

　また、読者のみなさんに伝えたいのは、高校の合格は、1つのマイルストーン（プロジェクト遂行に向けた途中にある節目）でしかないということです。私たち大宮高の教職員は、高校3年間だけでなく、5年後、10年後を見据えて教育を行っています。

　それが、生徒1人ひとりの夢を実現すること、そして、将来の日本をリードし、国際社会に貢献するトップリーダーとして成長することにつながると信じています。中学生のみなさん、ぜひ本校で充実した高校生活を送ってみませんか？　我々は志あるみなさんを待っています」（加藤校長先生）

校外での学び

大学研究室訪問や、理化学研究所見学会などの校外での学びは、生徒の進路選択の一助ともなっています。

■2020年3月卒業生　大学合格実績抜粋　（　）内は既卒

大学名	合格者数
国公立大学	
北海道大	6(3)
東北大	12(1)
筑波大	17(3)
千葉大	20(1)
東京大	13(5)
お茶の水女子大	4(0)
東京外国語大	3(0)
東京工業大	15(2)
東京農工大	14(2)
東京学芸大	9(3)
一橋大	9(3)
京都大	6(2)

大学名	合格者数
私立大学	
早稲田大	107(24)
慶應義塾大	63(18)
上智大	33(6)
東京理科大	135(43)
青山学院大	37(12)
中央大	63(13)
法政大	74(15)
明治大	153(40)
立教大	75(8)
日本大	54(17)
東洋大	51(16)
芝浦工業大	48(13)

画像提供：埼玉県立大宮高等学校

トビラ

に伴う影響がどのような形でみなさんの前に表れてくるか、予想がつきません。本誌では、新たな情報がなるべく早くお手元に届くように、受験生に寄り添うページとして編集しています。

首都圏 数学と英語の出題内容に若干の影響 私立各高校は出題範囲には言及せず

本誌では、首都圏公立高校の出題範囲縮小について左ページで示した各誌で報じていますので再読してください。

出題内容に影響が出てくるのは数学と英語でしょう。

数学については三平方の定理を使えないことから、図形分野、とくに空間図形の出題が易化《えきか》する可能性があります。

英語では、関係代名詞の一部を除外するため、題材となる文でセンテンスの長さが短くなることがありそうです。

そのほか国語では、漢字の一部が除外されますが、様々な文章の読解・記述などは例年通りの出題と思われます。中学３年生で学ぶ漢字にはふりがなを振りますので、出題レベルが下がることはないでしょう。

社会・理科については、過去の入試でも中３以前の学習内容からの出題が多くみられました。除外は一部の内容にとどまっていますので大きな影響はないでしょう。

なお、私立高校入試については、学力試験がない推薦入試で合否を決定する学校がほとんどであることから、出題範囲の変更に言及している学校はありません。

また、開成や慶應女子など学力試験で合否を決める学校は、これまでも出題範囲は公表していませんので、例年通りの内容と考えられます。

受験生のための明日への

ここからのページには高校受験生、またその保護者が知っておいてほしい〈学校情報〉〈高校入試情報〉〈入試問題情報〉〈受験スキル〉などをまとめています。とくに来年度入試では、新型コロナウイルス感染症

NEWS

全国 「中3漢字」「三平方の定理」「確率」も公立高校の半数近くで入試範囲縮小

新型コロナウイルス感染症の影響で長期にわたり休校を余儀なくされたことから、公立高校の半数近くが、来年度高校入試での出題範囲の縮小を決めています。

本誌では、『サクセス15　8月号』で東京都、前号にあたる『サクセス15 夏・増刊号』で神奈川、千葉、埼玉の公立高校入試で除外される出題範囲をお知らせしました。

除外・縮小される範囲は、都道府県によって違いはあるものの、数学で「標本調査」や「三平方の定理」、「確率」。英語では関係代名詞の一部、間接疑問文など大切な学習範囲が、入試問題からは除外されます。

また、国語については「中学3年生で学ぶ漢字の読み書き」すべてなど、漢字が大幅に除外されています。

ただ、範囲にあいまいさも残るため、**神奈川県では除外する漢字一覧を8月中にHPで公表するとしています**（本誌締め切りの8月27日まで未発表）。また、もし問題文に中学3年生以降に学習する漢字が含まれていた場合にはふりがなをつけるとしています。

いずれの自治体とも、除外された学習範囲も3月までに学習するとしています。

（出題への影響については右ページを参照）

突撃 スクールレポート

F 2年生・沖縄修学旅行　G 42本の銀杏並木　H 3年生全員が浴衣で踊る「二高音頭」

日《に》本《ほん》大《だい》学《がく》第《だい》二《に》高等学校

〈共学校〉

全国に26校ある日本大学の付属高校のなかでも、2番目に古い歴史と伝統を誇る日本大学第二高等学校。おおらかで明るい校風のもと、政治・医療・実業・芸能・スポーツといった各界に数多くの人材を輩出しています。

94年の伝統に裏打ちされた高い教育力と人間形成

おおらかに、伸びのびと過ごせる充実した施設

正門を入ると、すぐ右手に自習室を完備した図書館と南向きで開放的な中学校舎が目に映る日本大学第二高等学校（以下、日大二高）。その奥には教科専門に特化した理科校舎や多目的コート、食堂や売店などが入る教科教室棟があり、左手には武道館・体育館・プールが居並び、先へ進むと立派な銀杏並木が出迎えてくれます。この「杉並百景」にも選ばれた樹齢１００年近い42本の古木たちは、これまでに４万２０００余名におよぶ卒業生を見送ってきました。

並木の左側にはどっしりとした高校本館校舎があり、その隣には新装された4面の全天候型テニスコートがあります。また、並木の右側には4コースウレタントラック（１周３２２ｍ）を有した広々とした人工芝グラウンドが大きく開けていて、並木の最後には、芸術校舎と庭園が静かに佇んでいます。都区内にありながら、各施設はゆったりと配置されており、高校3年間を、おおらかに伸びのびと過ごせる環境が整っています。

手厚い進路指導で進路実現をサポート

日大二高は、「信頼敬愛・自主協同・熱誠努力」の校訓三則のもと、現代社会に通じる資質と能力を、

Photo　A 文化祭　B 盛んな部活動　C 自習室の様子　D 進路指導の様子　E イギリス短期海外研修

写真提供：日本大学第二高等学校

教科学習をベースに、学校行事や多種多様な部活動などの機会を通じて涵養《かんよう》しています。なかでも、自分のあり方を積極的に受けとめ、自己吟味しつつ前向きに生きる力と定義づける「自己肯定力」の高い人材の育成に力点をおいています。「一人ひとりの幸せを探して」が進路指導のモットーで、日本大学（以下、日大）への進学を軸に、国公立大学や難関私立大学への進学も視野に入れています。

1年次は基礎学力の定着と伸長に努め、幅広い知識教養を身につけます。2年次からは文系・理系に分かれ、系統性・専門性に重点をおいたカリキュラムとなります。

文理比率はおよそ6対4で、文系選択者が多いといわれるほかの大学付属校に比べ、理系選択者が多いのも日大二高の特徴です。文理選択の決定に際しては、担任の丁寧な進路面談のほか、職業選択の基礎知識が得られる「キャリアガイダンス」、「日大各学部進学説明会」や日大以外の「大学別ガイダンス」、「卒業生による受験体験講話」など、多彩な進路プログラムがあと押ししてくれます。

3年次は志望に合わせて、国公立文系・理系および文系・理系の4コースに分かれ、日大への推薦進学や他大学進学に必要な学力を高めるカリキュラムとなります。加えて、高校全体で120講座以上が開講される20日間の夏期講習をはじめとした各種講習や補習も手厚く、多彩な進路選択を支える万全なサポート体制が敷かれています。その結果、日大の推薦制度を利用する生徒が毎年約3割、ほかの指定校や公募推薦などで進学する生徒も約3割、難関大学をめざして一般受験にチャレンジする生徒が約4割という、多彩な進路選択を実現しています。

多様な価値観のなかで培われる社会人基礎力

『どんな子にも居場所がある学校でありたい』この思いを絶えず教職員は共有しています。個性あふれる仲間と過ごす様々な機会を通じて得られる経験は、つらい・楽しいも含めてなにごとにも代え難いもの。本校の3年間は、まさに多様な価値観との出会いです。

1年次は、付属中の進学者と高校からお迎えする生徒が同じクラスでスタートします。男女比はおよそ5対5で、日大をめざす生徒、他の難関大学をめざす生徒、運動部系、文化部系と、そこには多様な個性が混在し、様々な夢と希望が満ちていてとても刺激的です。

現在は多様な価値観が混在する社会であり、これから迎えるグローバルで予測不可能な社会では、さらにその混在が深まるに違いありません。若いうちに混在のなかに過ごすことで培われる社会人基礎力がどれだけ大事かを、各界で活躍する本校の卒業生たちを見れば理解していただけると思います」

（教頭・中島正生先生）

スクールインフォメーション

所在地：東京都杉並区天沼1-45-33
アクセス：JR中央線・地下鉄丸ノ内線「荻窪駅」徒歩15分
生徒数：男子640名　女子611名
ＴＥＬ：03-3391-0223
ＵＲＬ：https://www.nichidai2.ac.jp/

2020年3月卒業生　おもな合格実績

日本大学	123名	学習院大学	20名
国公立大学	11名	明治大学	28名
早稲田大学	13名	青山学院大学	18名
慶應義塾大学	3名	立教大学	15名
上智大学	8名	中央大学	20名
東京理科大学	12名	法政大学	30名

あの学校の魅力伝えます

スクペディア No. 28

桜丘《さくらがおか》高等学校

東京都　北区　共学校

所在地：東京都北区滝野川１-51-12　生徒数：男子525名、女子507名　TEL：03-3910-6161　URL：https://sakuragaoka.ac.jp/
アクセス：都電荒川線「滝野川一丁目」徒歩１分、JR京浜東北線・地下鉄南北線「王子駅」・都営三田線「西巣鴨駅」徒歩８分

誰も知らない未来を創れるヒトに

桜丘高等学校（以下、桜丘）の創立は１９２４年。２０２４年には１００周年を迎える伝統校です。校訓として掲げる「勤労」と「創造」は、生徒の成長に必要となる2つの要素を表しています。目標達成のためにたゆまぬ努力を続けること、そして創意・工夫に励むことです。

「勤労」「創造」は教職員の姿勢でもあり、努力する生徒を励まし、創意・工夫に対して助言をするきめ細やかな指導が伝統となっています。未来を創造できる人材の育成をめざす桜丘の教育をご紹介します。

きめ細やかな指導と魅力的な教育内容

まずは、日々の積み重ねが重要となる毎日の学習管理です。桜丘では、学習におけるＰＤＣＡ（Plan, Do, Check, Action）を管理するＳＳノート（Self-Study notes）を取り入れています。生徒が各自の学習内容と毎日向きあうことで、能動的に勉強に取り組む習慣を育みます。

カリキュラムにも工夫が凝らされています。桜丘では、２０２１年度より新たに2コースを設置し、生徒の個性や希望進路別に4つのコース編成となります。東京大学・早慶上理など最難関大学を目標に主体性・表現力・思考力を育む「スーパーアカデミックコース」、総合的な学力を培い難関大学合格をめざす「アカデミックコース」、英語力を重視し世界で活躍できる能力を高める「グローバルスタディーズコース」、次世代型キャリア教育や企業体験などを経てこれからの社会で求められる人間力を育てる「キャリアデザインコース」と、それぞれ特色のあるコースのもとで、志望する大学への現役合格をめざします。

20時まで使用できる自習室や、ＵＲＣ（様々な資料とサポートシステムのそろった進路指導室）をはじめ、生徒の学ぶ意欲に応える学習環境も魅力です。特別選択授業としてタブレット端末によるオンライン英会話を実施するなど、ＩＣＴの設備も整っています。

また、日常生活で学ぶのは教科の学習だけではありません。日直の進化版ともいえるＭＣ制度（Master of Ceremonies System）など、学校生活を通してリーダーシップ、フォロワーシップ、プレゼンテーション能力を育む機会が設けられています。

生徒の未来を創る準備をきめ細やかにサポートする桜丘です。

あの学校の魅力伝えます
スクペディア No. 29

立正《りっしょう》大学《だいがく》付属《ふぞく》立正《りっしょう》高等学校

東京都　大田区　共学校

所在地：東京都大田区西馬込１-５-１　生徒数：男子683名、女子346名　TEL：03-6303-7683　URL：https://www.rissho-hs.ac.jp/
アクセス：都営浅草線「西馬込駅」徒歩５分

学んだことを体現できる人材に育てる

立正大学付属立正高等学校(以下、立正大立正)は、２０１３年に現キャンパスのある大田区西馬込に移転し、校舎を一新しました。

建学の精神「行学二道」は「修行」と「修学」の２つの道をさし、「学校や社会で学んだ知識や経験（学）を、行動で示すこと（行）のできる生徒」の育成をめざしています。

広々とした人工芝のグラウンド、５万冊の蔵書を収容する明るく開放的な図書館、トレーニングルーム、ゴルフ練習場など充実した設備もそろっており、生徒は勉強や部活動に全力で取り組める環境のもと、学校生活を謳歌しています。

「学力の個性」を見極めて個々に合った指導を実施

高１は中入生と混ざらず特進・進学クラスの２つに分かれ、高２以降はそこからさらに文系・理系に分かれて編成されます。生徒全員が「行ける大学」ではなく「行きたい大学」へ進学できるよう、進路指導にはとくに力を入れています。付属校でありながら立正大学への進学は例年２割程度で、難関大学に合格する生徒も年々増えています。

学習進度や理解度も様々な生徒がいるなか、立正大立正では「学力の個性」を見極めることを大切にしています。面談などで対話を重ね、１人ひとりに目が届く環境を整えることで、生徒の個性に合った学習方法を考えていきます。そのうえで、目標の設定や学力の定着について細かくフォローしています。

多彩な選択講座も特徴で、基礎から発展、志望大学対策まで、グレード別に50～60講座を用意。音楽や美術などの芸術科目についても、希望に合わせて受講することができます。少人数で行う講座も多く、生徒の個性や強みを伸ばす丁寧な指導は立正大立正の伝統といえます。

また、授業以外にも多様なプログラムが用意されています。例えば、イギリスもしくはアメリカで18日間の短期留学を行う語学研修プログラム（高１・高２、希望者）や、仏教の教えに基づく道徳教育などがその代表です。こうした取り組みを通して、積極性や思いやりの心を涵養《かんよう》し、豊かな人間性を育みます。

きめ細かな指導と手厚いサポート、多彩なプログラムによって様々な力が身につく立正大立正。多くのことを学べる環境で、自分が本当にやりたいことを見つけてみませんか。

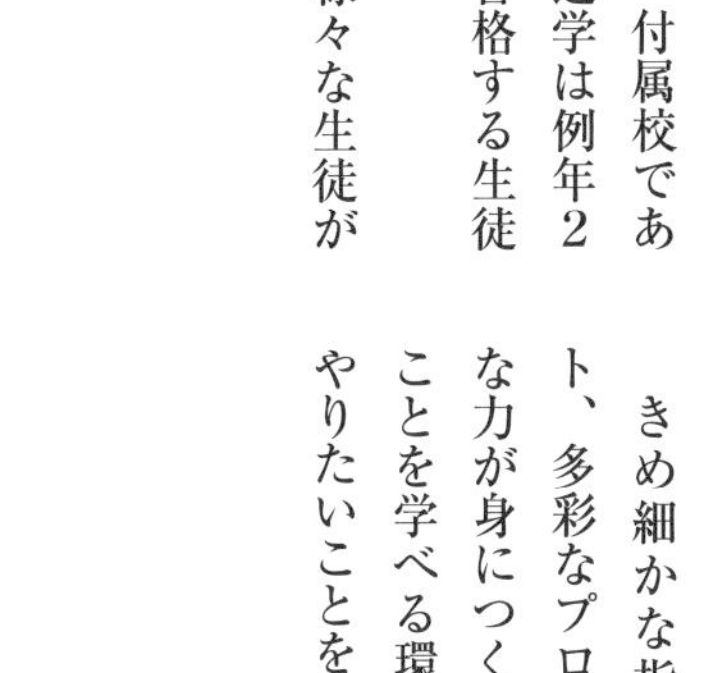

帝《てい》京《きょう》大《だい》学《がく》高等学校

東京　共学校

●東京都八王子市越野322
●JR中央線「豊田駅」、京王線「平山城址公園駅」、京王線・小田急多摩線・多摩モノレール「多摩センター駅」スクールバス
●042-676-9511
●https://www.teikyo-u.ed.jp/

学校説明会　要予約
9月26日(土)　10:00~11:30
11月21日(土)　10:00~11:30

問題

図の立体O－ABCDは，すべての辺の長さが1cmの正四角すいである。辺OB，ODの中点をそれぞれE，Fとし，3点A，E，Fを通る平面と，辺OCとの交点をGとする。このとき，次の問いに答えよ。

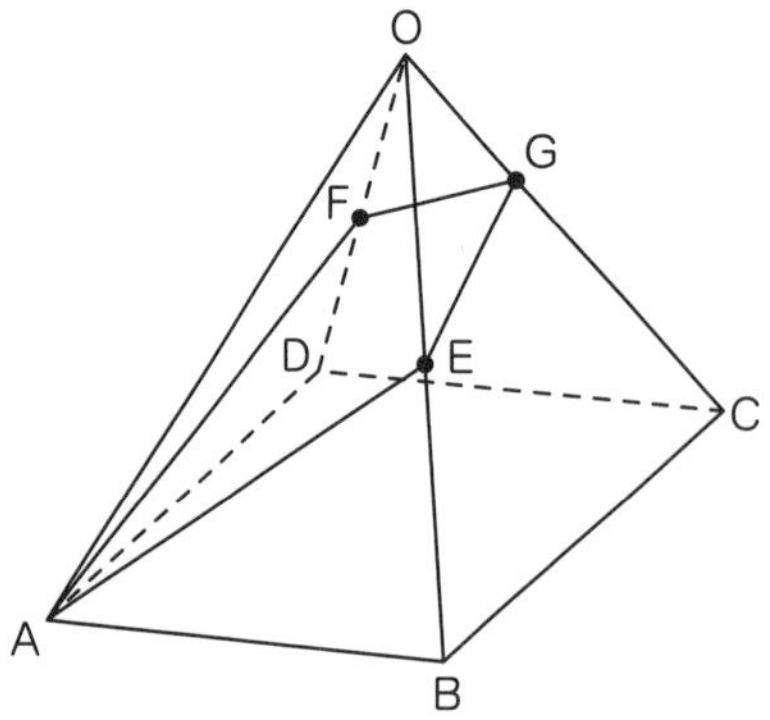

(1) 線分OGの長さを求めよ。
(2) 四角すいO-ABCDの体積を求めよ。
(3) 四角すいO-AEGFの体積を求めよ。

解答　(1) $\frac{1}{3}$cm　(2) $\frac{\sqrt{2}}{6}$cm^3　(3) $\frac{\sqrt{2}}{36}$cm^3

桐《とう》光《こう》学《がく》園《えん》高等学校

神奈川　別学校

●神奈川県川崎市麻生区栗木3-12-1
●小田急多摩線「栗平駅」徒歩12分、京王相模原線「若葉台駅」・小田急多摩線「黒川駅」スクールバス
●044-987-0519
●http://www.toko.ed.jp/high/

学校説明会　要予約
10月10日(土)　13:30~15:10
11月15日(日)　10:30~12:10
　　　　　　　14:00~15:40
12月13日(日)　10:30~12:20
　　　　　　　14:00~15:50

問題

図1から図4のように，東西と南北の道が交差する道路がある。交差する地点で進むことができる方向のうち，東，西，北のいずれかに進むことはできるが，南に進むことはできないとする。また一度通った道は通れないものとする。

図1は点Sを出発し，東に4回，北に1回，東に1回，北に1回，西に2回，北に1回，東に6回進んだ例である。

このとき，次の問いに答えなさい。

(1) 図2において，A地点からB地点に進むとき，道順は何通りあるか。
(2) 図3において，C地点からD地点に進むとき，道順は何通りあるか。
(3) 図4において，E地点からF地点に進むとき，道順は何通りあるか。

図1

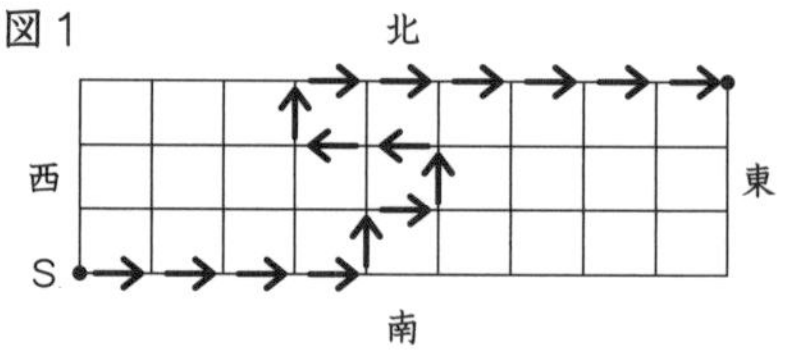

図2

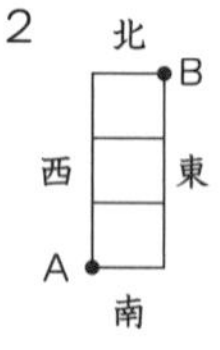

図3

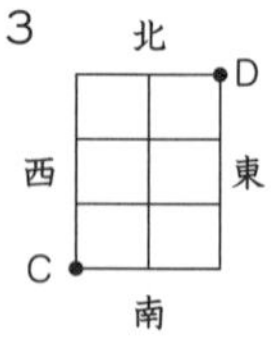

図4

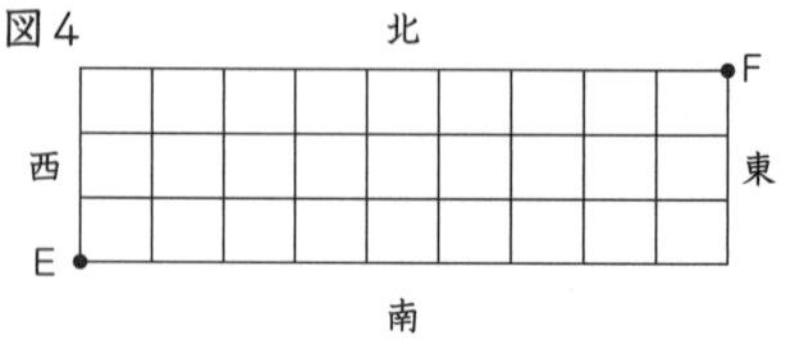

解答　(1) 3通り　(2) 27通り　(3) 1000通り

レッツトライ！ 入試問題

開《かい》智《ち》高等学校

埼玉　共学校

●埼玉県さいたま市岩槻区徳力186
●東武野田線「東岩槻駅」徒歩15分
●048-763-9569
●https://www.kaichigakuen.ed.jp

学校説明会・個別相談会　要予約

9月19日（土）	10:00～ 13:00～
10月17日（土）	10:00～ 13:00～
11月22日（日）	10:00～ 13:00～ 16:00～
11月28日（土）	10:00～ 13:00～
12月19日（土）	10:00～ 13:00～（未定）

※個別相談会は10:00～16:30

問題

Ａの箱には赤玉３個、白玉３個、黒玉４個の計10個の玉が入っている。また、Ｂの箱には赤玉２個、白玉５個、黒玉３個の計10個の玉が入っている。開君はＡから１個の玉を、智君はＢから１個の玉を取り出し、その取り出した玉で勝敗を決めるゲームをする。

ゲームの勝敗は、取り出した玉が、

赤玉と白玉のときは赤玉の勝ち　　白玉と黒玉のときは白玉の勝ち
黒玉と赤玉のときは黒玉の勝ち　　同じ色のときは引き分け

とする。このとき次の各問いに答えなさい。

(1) 開君と智君がともに黒玉を取り出し、引き分けになる確率を求めなさい。
(2) 赤玉で勝ちが決まる確率を求めなさい。
(3) 開君と智君では、どちらが勝つ確率が高いですか。高い方の確率を求めなさい。

解答　(1) $\frac{3}{25}$　(2) $\frac{21}{100}$　(3) 智君で確率は $\frac{7}{20}$

共《きょう》立《りつ》女《じょ》子《し》第《だい》二《に》高等学校

東京　女子校

●東京都八王子市元八王子町1-710
●JR中央線ほか「八王子駅」「高尾駅」スクールバス
●042-661-9952
●http://www.kyoritsu-wu.ac.jp/nichukou/

学校説明会　要予約

9月26日（土）	10:30～12:00 14:00～15:30
10月24日（土）	10:30～12:00 14:00～15:30
11月20日（金）	18:00～19:10
11月21日（土）	14:00～15:30
11月28日（土）	14:00～15:30

※10月24日は午前：一般入試志願者対象、午後：推薦入試志願者対象

問題

図のように，放物線 $y=x^2$ のグラフと直線ABが交わっている。点A，Bの x 座標は－４，２である。$y=x^2$ 上のＡからＯまで点Ｐが動くものとする。線分AB上に x 座標が負となる点Ｑをとる。

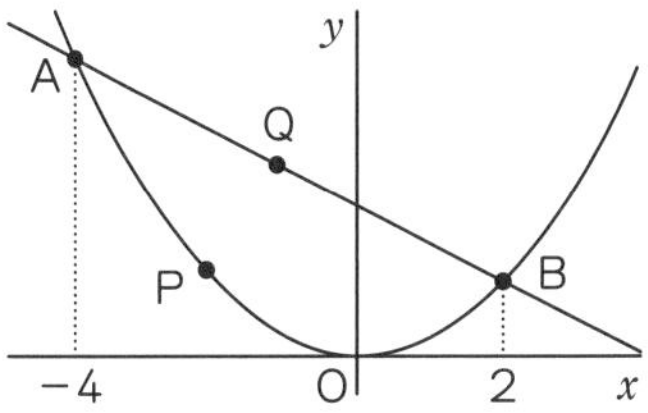

このとき，次の各問いに答えなさい。

①直線ABの式を求めなさい。
②四角形APOBが台形となるとき，点Ｐの座標を表しなさい。
③②のとき，四角形APOQの面積が16となる点Ｑの座標を求めなさい。

解答　① $y=-2x+8$　②P　(－2，4)　③Q　(－2，12)

課題をこなす以外の勉強時間をどう確保したらいいの？

中１のころに比べて、中２になったら勉強が難しくなってきて、学校と塾の宿題で手一杯になってしまい、なかなかそれ以上の勉強をする時間がとれません。少ない時間でも効果的に勉強するには、どうしたらいいのでしょうか。教えてください。

（東京都大田区・SK）

まずは課題を最優先に。そして短時間でできるものにも少しずつ取り組んでいきましょう

学校と塾の課題をきちんとこなすことも、なかなか大変でしょうから、まずはこうした課題をコンスタントにできていれば、十分だと思います。その際は義務的にならずに、目的感をもって臨むことが大事です。とくに塾の先生はきちんと計画されたカリキュラムに基づいて課題を出しているので、それを信頼して取り組んでいけば大丈夫です。

そのうえでほかの勉強に取り組む時間、いわゆる「自分の勉強」時間を少しずつ確保していきましょう。ただ、それは決して時間が長ければいいというものではありません。たとえ短時間であったとしても、自分にプラスになる勉強ができればいいのです。

数学の計算問題、英単語の暗記、漢字の練習など、５～10分で手軽にできることから着手していきます。こうした短時間での勉強をうまく長続きさせるコツは、なにを勉強するのかをあらかじめ明確にしておくことです。

そして、メモ用紙でもノートでもいいので、その日にしようと思うことを、「方程式10問、漢字ドリル１ページ、英単語20語」といった具合で箇条書きで書いておきます。

各分量はなるべく少なくしておいて、終えたら線を引いて消していきます。これは「To Do List」（やることリスト）と呼ばれるもので、意外に効果的です。計画を立てておいたものを線を引いて消すことが、快感になってくるからです。こうした工夫をしながら、効率よく勉強を進めていきましょう。

定期試験ではいい結果が出るのに模試ではなかなか得点が伸びません。

学校の定期試験ではいい得点がとれるのに、模擬試験や塾の実力テストでは、どうも得点や偏差値がいまひとつで、伸び悩んでいます。なかなかいい結果が出ないと、気持ちも落ち込んでしまいます。どうにかして現状を打破したいのですが…。

（埼玉県川越市・SK）

模試や実力テストの目的は現状を知ること。結果ばかりにとらわれないよう気をつけて

学年や時期にもよりますが、学校の定期試験で一定以上の得点がしっかりとれているということは、基礎的な学力はあり、また努力もきちんとしているということです。

少なくとも受験学年の夏までは、ご質問者のように模試や実力テストなどで思うように点数や偏差値が伸びなかったとしても、そこまで気にしなくていいと思います。

いい得点がマークできるならそれに越したことはありませんが、模試や実力テストは得点や偏差値を競うために受けるものではないということを知っておきましょう。受験した時点でなにができていて、どこが弱いのかを発見するために受けるものなのです。

ですから、思うような結果が得られなかったとしても、それに一喜一憂する必要はありません。点数や偏差値などの数値を気にしても、学力を培うことはできません。もちろん、結果に対してきちんと向きあうことは大事ですが、返却された答案を分析し、できなかった原因を自分で見つけて復習することの方が大切です。

一般的にいい得点がとれた人ほど、自分の答案をじっくり反省し見直しています。反対に、得点が思わしくないと、あまり答案の見直しはしない傾向があります。その積み重ねが、学力差になっていきます。

点数ばかりを気にするのではなく、少しずつでもいいのでどうして間違ったのかを確認する習慣をつけていきましょう。ポイントは答案返却後だと心得ておいてください。

保護者のための Q&A

親は中学生の勉強に どこまで関与すべきか悩んでいます。

子どもの勉強に、親はどこまで口を出していいのでしょうか。ついつい「勉強しなさい！」「ちゃんと宿題はやったの？」などと言ってしまうのですが、あまり言いすぎるのもよくないと思っていて……。親の関与の仕方を教えてください。

（東京都立川市・YA）

「サポーター」としてほどよい距離感で接することをおすすめします

お子さんの勉強についてどのようにアプローチしていくかは、それぞれのご家庭ごとに違っていいでしょう。これくらいの年齢になると親御さんから勉強を教えてもらうことをあまり望まないお子さんが多いようですが、お子さんに抵抗がなく、親御さんにも教える気持ちがあるなら、それもかまわないと思います。

ただ、ご質問のように「勉強しなさい！」と注意することがプラスに作用することはほとんどないでしょう。「親から勉強しろと言われたことは一度もない」というタイプの方が、自発的に勉強する習慣が身についていることもあってか、中高時代の成績は良好な気がします。

中学生くらいになると、本人が「勉強した方がいい」ということは理解しています。それなのに、「勉強しろ」と言われると、理由もなく反抗したい気持ちになって、勉強に取り組もうとしないという結果になりがちです。

ですから、普段はある程度の距離感を持ってお子さんに接し、お子さんが悩んでいたり困ったりしているときに相談に乗るようにしてはいかがでしょう。そして、少しでも頑張っていることが認められたら、ためらうことなくほめてあげましょう。そうすれば、お子さんは自分をしっかり見てくれていることがわかり、少しずつ自発的な学習姿勢を確立できると思います。

こうしたことをふまえ、親御さんは健康に留意し、学習環境を整える「サポーター」に徹することをおすすめします。一歩離れたところから温かく見守ってあげましょう。

オンラインでの学校説明会って実際のところどうなのでしょうか？

最近、色々な学校でオンライン上での説明会が実施されているようです。学校に足を運ばなくてもいいので、受験生の家族としては好都合なのですが、オンライン上で学校の様子が本当にわかるのでしょうか？

（東京都小金井市・HK）

注意点はあるものの、学校の様子を知る機会として活用するに越したことはありません

ご指摘のように、昨今のコロナ禍における新しい生活スタイルの一環として、各学校がオンラインでの説明会を工夫して行うようになってきました。なるべく学校情報を発信する機会を設けたいという学校側の姿勢がみてとれます。

学校説明会は、校風や教育方針を知り、その学校についてじっくり考えられる機会であるとともに、お子さん本人や保護者の方が自身の目で学校を見て、様々な確認ができる場でもあります。

インターネットを経由しての画像ではありますが、自宅にいる状態でそうした学校の内容を知ることができるのはありがたいことです。オンライン説明会の最大の目的は、もちろん人と人との接触機会をなくすことによる感染防止ですが、各ご家庭の負担軽減にもつながっていると思います。

一方で、やはりバーチャル感があることは否めず、制作側が見せたいところを中心に構成されている点は意識しておくべきでしょう。また、スペース感覚という点でも、撮影方法によって狭い空間を広めに伝えることができるということも頭に入れておく必要があります。

そして忘れやすいのが、学校説明会に参加する場合に確認できる、実際の交通機関を利用した際の通学時間や混雑具合などがオンライン説明会では確認できないことです。

ここで紹介した注意点を知っておいたうえで、オンラインでの学校説明会をうまく活用していってください。

自分自身の新たな可能性と出会う

國《こく》學《がく》院《いん》高等学校

真面目で穏やかな校風が特徴の國學院高等学校。
高校3年間で色々なことにチャレンジできる全方向性を持った学校です。

大規模校だからこそ必要な「親身の指導」

１９４８年の開校以来、併設中学校のない高校単独校として、バランスのとれた全人教育に取り組む國學院高等学校（以下、國學院）。学校周辺の明治神宮外苑エリアでは、スポーツや文化など、東京の新しい魅力を発信するための環境整備が進んでいます。

　國學院は、１学年約６００名の生徒が在籍する都内でも有数の大規模校で、青山という立地のよさもあり、毎年多くの受験生を集める人気校です。高校募集時には、他の進学校にあるような特進コースや選抜コースといったコース区分がないため、新入生は、みな同じ教育環境のもとで高校生活をスタートすることができるのも、國學院の魅力の１つです。

「本校は生徒数が多いので、『親身の指導』をとても大切にしています。各教員が積極的に生徒とコミュニケーションを取ることが伝統となっていて、なかでも、年３回実施する面談週間では、各担任が生徒一人ひとりに寄り添い、時間をかけて様々な話をします。

　また、本校はなにかに偏ることのない全方向性を持った学校なので、高校３年間で色々なことにチャレンジできます。学力だけではなく、社会で必要とされる力を身につけることができ、自分の新たな可能性をきっと見つけることができるはずです」と話されるのは入試広報部長の柳町和洋先生です。

真面目で穏やかな校風

付属校&進学校の実力

國學院大学の付属校でありながら、都内屈指の進学校である点も國學院の特徴の１つです。

　高校３年間の学習内容を見てみると、１年生は基礎学力と学習習慣をつけることを目的としたカリキュラムが中心で、２年生から文系・理系に分かれて大学受験を意識した授業

に入ります。そして2年生の秋に実施する修学旅行を境に本格的な受験モードに入り、3年生では学校推薦も含め、各々の進路目標の達成に向けた準備に取りかかります。

「大学受験に関しては、外部講師による長期休暇中の講習や3年生の勉強合宿など、様々な学習機会を用意しています。一方、最も大切にしている点は、授業への準備や取り組み方など、当たり前のことを、泥臭く、日々徹底して指導していることです。小テストへの取り組みや課題提出についても、細かいことですが、徹底して指導しています」と柳町先生。

國學院では、毎年、2割弱の生徒が無試験推薦で國學院大學へ進学しており、その他8割強の生徒は、国公立大学をはじめとした難関大学へ果敢にチャレンジしています。2020年度大学入試では、国公立大学19名、早慶上理80名、G-MARCH360名の合格者を出しています。

3か国・5コースで展開される海外研修が魅力

昨今、英語民間試験の結果を大学入試に利用する大学が増えていることをふまえて、國學院では、英検への取り組みに以前よりも増して力を入れています。

1・2年生は年3回、3年生は年1回の英検受験を全員必修にしており、長期休暇中には英検講習を実施しています。外部講師による年5回(1・2年生は3回必修)の英検講習を通して、生徒全員の英語力の底上げを図りながら、高校卒業までに英検2級の取得をめざします。

その結果、全国の高等学校のなかで、年間の英検合格者が最多であったことが評価され、2017年から2年連続で「文部科学大臣賞」を受賞しています。

また、海外研修も充実しています。1年生が参加するプログラム(約2週間)は年々希望者が増えており、2019年から、これまでのカナダ、オーストラリアに加えて、イギリスが追加され、全部で3か国・5コースの研修が用意されています。2019年は、約260名の希望者全員がいずれかのコースに参加しました。

2年生には英語習得に特化したカナダの語学学校研修が好評で、基本的に観光などはなく、海外の生徒と一緒に英語漬けの2週間を過ごします。さらに推薦等で進路が決定した3年生を対象とした短期留学制度もあり、これらの海外研修に興味を持って入学する生徒も少なくないようです。

「本校は、伝統を大切にしつつ、近年は学校長のリーダーシップのもと校内施設の整備や教育内容の充実など、積極的な改革を実施してきました。学校行事も大変盛んな学校なので、神宮外苑という絶好の立地を活かして、地域との交流をさらに深めていきたいと思います。勉強だけでなく、部活動や学校行事など、高校3年間を、思いっきり楽しむことのできる学校です」(柳町先生)

■國學院高等学校(共学校)
所在地 東京都渋谷区神宮前2-2-3
TEL 03-3403-2331
https://www.kokugakuin.ed.jp/
<アクセス>
地下鉄銀座線「外苑前駅」徒歩5分、
地下鉄大江戸線「国立競技場駅」徒歩12分、
JR線「信濃町駅」「千駄ヶ谷駅」徒歩13分

■オンライン学校説明会
9/26(土)15:00 10/9(金)18:00
10/24(土)15:00 11/14(土)15:00
11/23(月・祝)10:00 12/5(土)15:00
※詳細はHPをご覧ください。

世界で活躍する「自信」を育てる

富《ふ》士《じ》見《み》丘《がおか》高等学校【女子校】

SGH 2015-2019 実績校 SUPER GLOBAL HIGH SCHOOL → WWL 2020- 拠点校 World Wide Learning Consortium

２０２０年に創立80周年を迎えた女子教育の伝統校・富士見丘高等学校。２０１５年よりＳＧＨ指定校として、グローバル教育を推進し、今年度からはその実績をふまえＷＷＬコンソーシアム構築支援事業のカリキュラム開発拠点校に選定されました。

ＳＧＨの大きな成果 大学進学も海外を視野に

富士見丘高等学校（以下、富士見丘）は、２０１５年度に文部科学省からスーパーグローバルハイスクール（ＳＧＨ）に指定され、「サステイナビリティから創造するグローバル社会」というテーマで探究学習を中心としたグローバル教育プログラムの開発を行ってきました。

指定期間は5年間で終了しましたが、ＳＧＨとして開発した探究学習、高大連携プログラムは今後も継承されていきます。

また、5年間の取り組みの成果は進学実績にも顕著に表れており、ＳＧＨ指定後の大学入試においては、ロンドン大学キングスカレッジ（イギリス）、トロント大学（カナダ）、シドニー大学（オーストラリア）など、世界大学ランキング上位校に進学する生徒を輩出し、合計18名が海外大学に進学を果たしました。

今春は、国内の大学でも国際系の大学や学部を中心に難関大学への合格実績を大きく伸ばしています【表1参照】。

【表1】 2020年大学入試合格実績（卒業生94名）

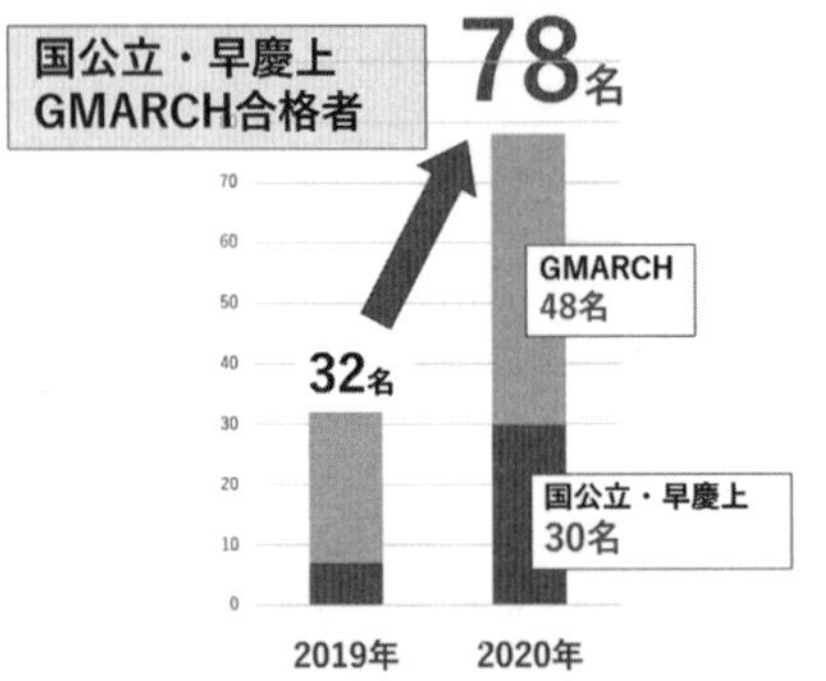

東京外国語大学	3名（1名）
筑波大学	1名（1名）
公立鳥取環境大学	1名（1名）
早稲田大学	14名（5名）
上智大学	10名（7名）
国際基督教大学	1名（1名）
学習院大学	4名（1名）
明治大学	5名（0名）
青山学院大学	6名（4名）
立教大学	10名（0名）
中央大学	13名（3名）
法政大学	10名（2名）

※（ ）内 AO・推薦入試 合格者

高大連携による探究 ＩＣＴの学びへの活用

富士見丘では、全生徒がグローバル課題に関する探究学習に取り組みます。例えば、高1全員が履修する「グローバルスタディ基礎」では、慶應義塾大学大学院メディアデザイン研究科と連携した「グローバルワークショップ」を年間8回実施し、グローバル規模の課題への興味・関心を高めていきます。

このワークショップでは大学院生・留学生約20名が毎回来校し、ＳＤＧｓ（※）をテーマとしたグループワークを行います。ＩＣＴを活用して、生徒自身が考え、創造的なアイデアを創出するプログラムは楽しく刺激的で、毎年大人気です。

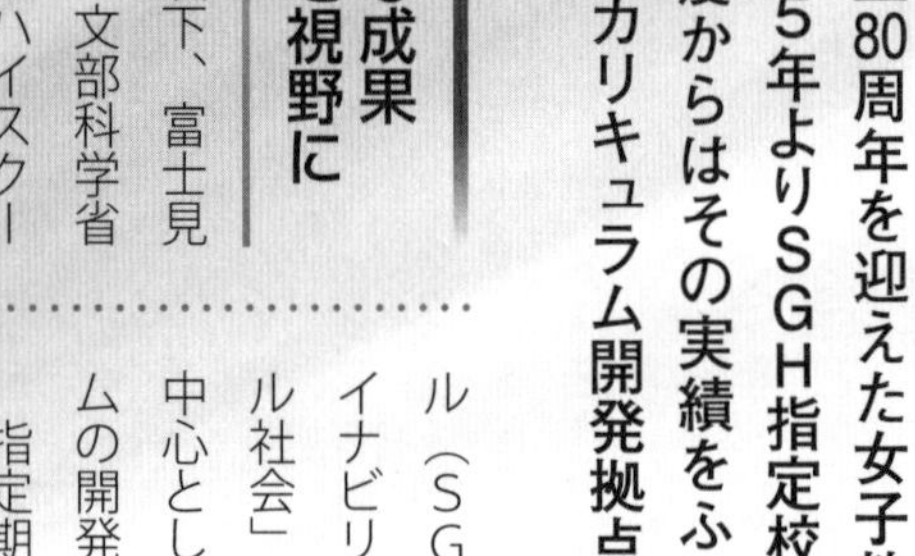
1人1台のノートPCを様々な場面で活用

※国連の持続可能な開発目標

今年度の第1回ワークショップは、新型コロナウイルス感染症の影響によりオンラインで行われましたが、①「理想の未来」についてグループで話しあい、②Google Drawingでコラージュを作成、③30秒間の英語発表という一連の過程に、全員が積極的に取り組んでいました。

高2の「グローバルスタディ演習」では、慶應義塾大学理工学部やシンガポール経営大学と連携し、より深くグループ研究を行っていきます。海外フィールドワークを経て、2月に全グループが英語で研究発表を行うこのプログラムは、様々な困難を

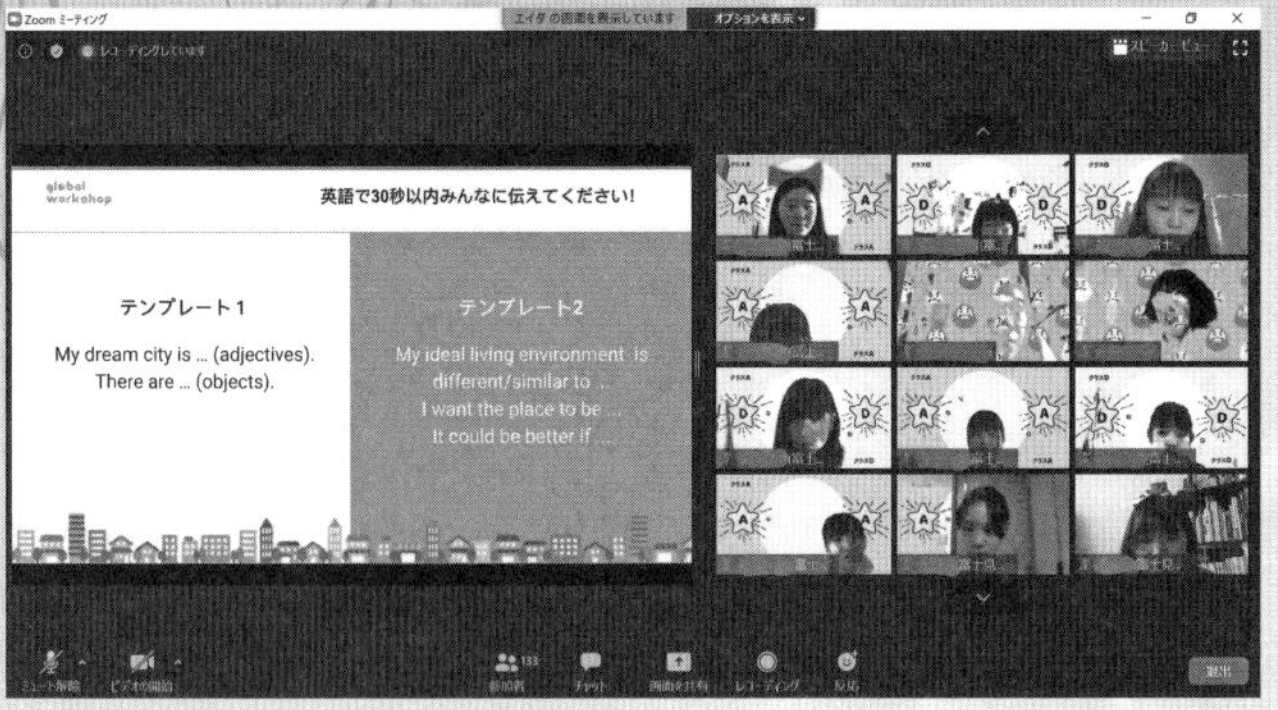

オンラインで実施した第1回ワークショップ

伴う分、「成長」を実感できます。

こうした富士見丘の課題研究の成果は、校外でも高く評価され、SGH甲子園（全国スーパーグローバルハイスクール課題研究発表会）では3年連続入賞、2019年には英語プレゼンテーション部門・最優秀賞を受賞しています。

2019年のSGH甲子園英語プレゼンテーション部門で最優秀賞を受賞

徹底的に4技能を伸ばす 先進的な英語教育

富士見丘のグローバル教育のベースとなるのは、手厚い英語4技能教育です。ネイティブスピーカーの専任教員が7人おり、日本人教員とのティームティーチングを含めると全学年が週3時間以上はネイティブ教員の授業を受けています。

また、高1・高2では、スカイプを利用した「オンラインスピーキング」、週末課題としてテーマエッセイに取り組む「エッセイ添削」などに毎週取り組み、日本人が苦手としがちな「話す力」、「書く力」を徹底的に強化しています。

【表2】 高3 英検2級以上取得率

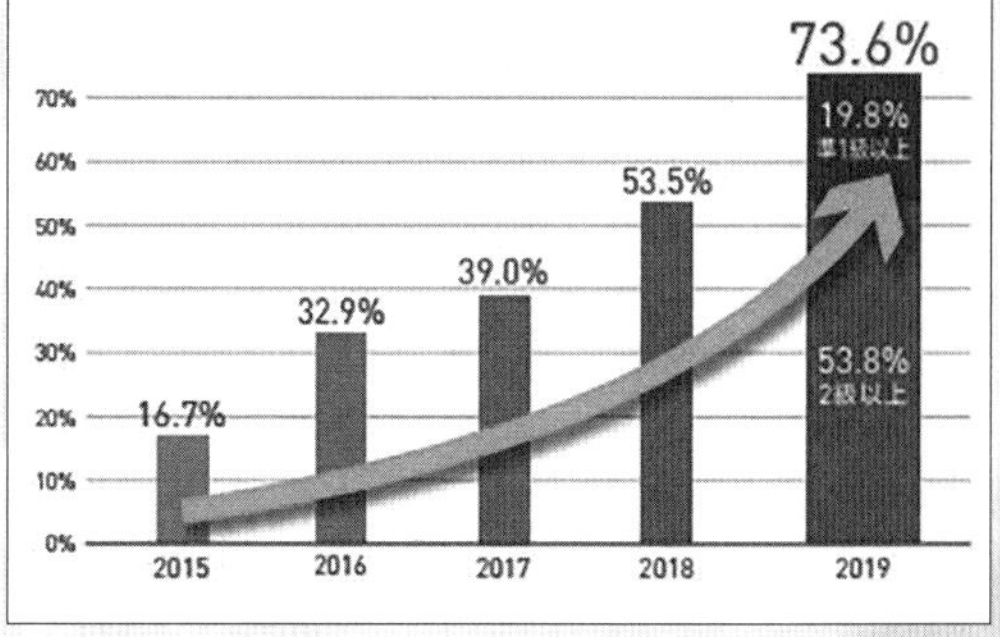

SGHの目標の1つがCEFR（セファール）のB1レベル（英検2級）以上の生徒を増やすことでしたが、英検2級以上取得率は2015年度の16・7%から73・6%へと飛躍的な伸びを示しました【表2参照】。英語力の伸長と探究学習で得た「自信」が、グローバルな大学進学実績につながっているのです。

学校全体で新たな挑戦 ワールドワイドラーニング

こうしたSGHの実績を評価され、2020年度からは文部科学省のワールドワイドラーニング（WWL）コンソーシアム構築支援事業のカリキュラム開発拠点校に指定されました。

SGHで築きあげたカリキュラムをさらに前進させるとともに、国内外の高校・大学との先進的な学びのネットワークを広げていきます。

「今年はオンラインでの交流が中心となりますが、学校全体で新たな挑戦を続けていくことで、生徒たちに国際的なフィールドで活躍する意欲を膨らませてもらいたいと思っています」と語る広報部長・佐藤一成先生。

国際社会での活躍を見据えた教育を実践する富士見丘の挑戦は、これからも続きます。

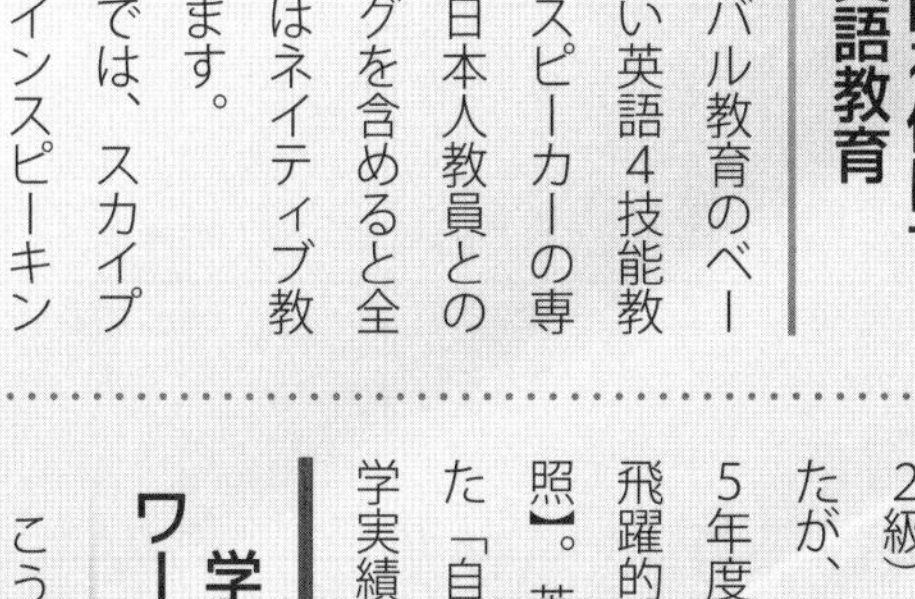

School Information

所在地　東京都渋谷区笹塚3-19-9
TEL　03-3376-1481
URL　https://www.fujimigaoka.ac.jp/
アクセス　京王線「笹塚駅」徒歩5分

圧倒的な基礎学力を身につけ、母語の運用能力を高め、セカイに通用する「英語力」と「第二外国語」教育を行う

神田《かんだ》女《じょ》学園《がくえん》高等学校

女子校

「エイゴ」が当たり前の時代がくるまでに、高い英語力と第二外国語を習得することは、社会にでたときの大きなアドバンテージになります。母語で考え、英語で伝え、相手の言語で理解しあえる……そんな力を身につけることができる革新的女子教育校です。さらに次世代で活躍する「ジョシ」のために、新コース・クラスを開講します。

〒101-0064 東京都千代田区神田猿楽町2-3-6
tel.03-6383-3751 fax.03-3233-1890 https://www.kandajogakuen.ed.jp/

「水道橋駅」徒歩５分（JR総武線／都営三田線）「神保町駅」徒歩５分（地下鉄半蔵門線／都営三田線・新宿線）
「御茶ノ水駅」徒歩10分（JR中央線／地下鉄丸ノ内線）「新御茶ノ水駅」徒歩12分（地下鉄千代田線）
「九段下駅」徒歩12分（地下鉄東西線）「後楽園駅」徒歩12分（地下鉄丸ノ内線・南北線）

「トリリンガル教育」で身につく本物のコミュニケーション力

神田女学園高等学校（以下、神田女学園）では、トリリンガル教育として、母語＋英語＋第二外国語の三か国語を学んでいます。「これは、英語が当たり前の時代になったときでも、母語で考えて英語で伝える力をつけてほしいという思いからです。これからは、英語を話すだけでなく、英語で伝える力が求められ、そのためには母語の力が欠かせません。そのために圧倒的な基礎学力を身につけたうえで、CEFR C1の運用能力（英検1級程度）をめざします。ネイティブとバイリンガル教員が20名以上もいる教育環境で、自然と英語力を高めていきます。そして、英語で伝えるだけでなく、相手の言語でもコミュニケーションができれば、本当の相互理解につながります」と語るのは校長の宗像諭先生です。第二外国語は韓国語・中国語・フランス語・日本語（帰国生対象）の中から、1言語を選び、3年間の学びで、日常会話には不自由しない程度まで、活用できるようになります。

宗像《むなかた》 諭《さとし》 校長先生

生徒主体の行事で充実した学校生活

神田女学園では、女子教育という環境を活かして、学校生活に主体的にかかわり、意欲的に行動することを大切にしています。「神田女学園は、アナタの学校である」というコンセプトに基づき、生徒にとって一番よい生活環境を生徒自らが考え、創り上げています。生徒会や生徒が主体となり、学校生活の多くのことが改善されました。たとえば「KANDA三大マツリ」をはじめとするたくさんの学校行事にも主体的に参加し、行動することで、充実した学校生活をおくれるようになりました。

「ジョシ」だから挑戦 新たなコース・クラス

2021年度から、現在の3コースを再編成し、新たなコース・クラスを設置します。中長期留学をめざす「ロングステイプログラムクラス」や海外現地校を卒業する「ダブルディプロマプログラムクラス」、国公立難関大学進学をめざす「フューチャーデザインクラス」、充実した学校生活で夢の実現をめざす「ディプロマクラス」など、現在のコースのコンセプトをそのままに、学校生活や学力向上をサポートするコースです。

さらに次世代での活躍が期待される「ジョシ」だからこそ挑戦してほしい新コース・クラスも開講します。その1つが高度医療社会を想定し、「真の医療人」「国際医療人」を目標とする「メディカルテクノロジークラス」です。医学部や看護学部をはじめ、医療技師や医療従事者、研究者として活躍したいという夢をかなえることができるクラスです。そして、真のグローバル人材になるために多言語を扱う「ランゲージアーツクラス」も開講。第二外国語を2つ学ぶことで、トリリンガルを超えた「マルチリンガル」な「ジブン」になることができるクラスです。

生徒の夢の実現のため、新コース・クラスを設置し、「革新的女子教育校」としてさらなる注目を集める神田女学園高等学校です。

●学校説明会・公開行事（要予約）

9月26日㊏	14:00～	教育内容説明会
10月10日㊏	14:00～	教育内容説明会
10月31日㊏	14:00～	教育内容説明会
11月 7日㊏	10:00～	教育内容説明会
11月15日㊐	10:00～	教育内容説明会
11月21日㊏	14:00～	教育内容説明会
12月 5日㊏	14:00～	個別相談会
12月20日㊐	10:00～	教育内容説明会
1月 9日㊏	10:00～	教育内容説明会

校内予備校「プロジェクト叡智《えいち》」

麗澤《れいたく》高等学校［共学校］

「恩に報いることのできる人間」を育成するという創立者の思いが脈々と受け継がれている麗澤高等学校。高2・2月から生徒の夢を実現させるための特別進学指導体制も始まります。

［入試説明会］要予約

第1回　10月18日㊐14:30～16:00
第2回　10月25日㊐10:00～11:30
第3回　11月　3日㊋㊗10:00～11:30
第4回　11月21日㊏14:30～16:00

※各回とも説明会終了後、希望者対象に、施設見学、個別説明、寮見学・寮説明会があります。

School Information

Address：千葉県柏市光ヶ丘2-1-1
TEL：04-7173-3700
URL：https://www.hs.reitaku.jp/
Access：JR常磐線「南柏」バス5分

充実した校内課外講座で学力も教養も高める

麗澤高等学校（以下、麗澤）は、生徒の主体性を大事にしつつ、一人ひとりの可能性を最大限に伸ばすための独自の取り組みを行っています。その1つが、麗澤校内で開講される「プロジェクト叡智」です。

「プロジェクト叡智」は、高2・2月から高3・3月の国立大2次試験当日まで開講される校内予備校です。国公立大・私立大の文系理系すべてのコースに対応するカリキュラムが年間を通して設定されており、生徒はそれぞれの進路目標にあった講座を効率よく選択することが可能です。放課後に校内で実施しているため、生徒の移動時間も短縮され、夜8時まで講座があるので、部活動後に校内に完備された食堂で夕食をとってから、講座を受講する生徒も少なくありません。

プロジェクト叡智

この講座の特徴は、生徒一人ひとりの学習状況に合わせたきめ細かな個別対応です。麗澤が厳選した外部講師と麗澤教員約25名がチームを作り、入試直前まで個別も含め対応していきます。麗澤出身のチューター（現役大学生）も20名ほどいて、通常カリキュラムとは別に、数学演習や物理演習など、チューターそれぞれの経験を活かしたイベントを自主的に開講し、受験に向かう後輩受験生たちのモチベーションを高めています。

高1から始まるキャリア・進路支援プログラム

麗澤は3年間を通してコース制を導入しています。高1は、高入生のみで編成する「叡智スーパー特進コース」と「叡智特選コース」、高2・高3は、一貫生と混成の「叡智TKコース」、「叡智SKコース」、「叡智ILコース」の3コースに分かれます。

また、「自分《ゆめ》プロジェクト」という3年間を通じたキャリア・進学支援プログラムも整備されています。高1は、1年間で高2からのコース選択や科目選択を決めなければならないため、特に初期指導には力を入れています。「自分再発見」をテーマに、OB・OGによる職業別講演会への参加や職業研究などで学びへのモチベーションを高め、そして、三者面談や担任との面談を重ねて、自分の進むべき進路を見つけていきます。

職業別講演会

「生徒には10年後を想定して進路を考えようと話しています。どういう仕事に就いて、どういう風に社会に貢献するかを考えることを本校では大切にしています」と高3学年部長の高橋周作先生は話されます。

各学年では1年間の学年目標を決めています。たとえば高3の昨年度目標は「自学自修」、今年度は「感謝報恩」。建学の精神を脈々と受け継ぎ、心の力を育みながら、日本人として国際社会に貢献できる次世代のリーダーを育成する麗澤高等学校です。

魅力に迫る

東《とう》洋《よう》大《だい》学《がく》京《けい》北《ほく》高等学校

■ 東京都　文京区　共学校 ■

人生を「より良く生きる」ための哲学教育（生き方教育）

『サクセス15 8月号』に引き続き、東洋大学京北高等学校の魅力に迫ります。今号では、多くの受験生が注目している同校の哲学教育（生き方教育）を中心にご紹介しましょう。

哲学ゼミでアイヌ民族の衣装を着る東洋大京北生

独自の哲学教育（生き方教育）を行う東洋大学京北高等学校（以下、東洋大京北）。

「哲学教育（生き方教育）のテーマは『より良く生きる』です。人の役に立てる、世の中をよくしていける、自分の幸せだけではなく周りの人の幸せも考えられるというのが『より良く生きる』ということです。本校では1人ひとりが小さな哲学者として、このテーマを追究します」と石坂康倫校長先生は話されます。

授業やエッセーを通じて考えることをトレーニング

東洋大京北では高1で倫理が必修となっています。授業では哲学的な教養を身につけるとともに、あるテーマに対して全員が意見を発表しあう時間があります。そうした積み重ねにより、自分なりに考え人に伝える、そして人の意見もきちんと聞くことができるようになります。

また、哲学エッセーコンテストが全学年で行われています。テーマは自由で、自分なりの問いを立て根拠とともに考えを述べます。

希望者は哲学ゼミ（合宿）や刑事裁判傍聴学習会にも参加できます。

哲学ゼミ（合宿）は、毎年異なるテーマを定め調査、研究を行うものです。昨年度はアイヌ民族をテーマに、北海道でその文化に触れ、アイヌ民族が受けてきた差別の問題についても考えました。

刑事裁判傍聴学習会は、弁護士などから指導を受けたうえで臨み、被告人についてはもとより、その家族の気持ちなども考えつつ、テーマである「より良く生きる」とはどういうことかを追究します。

このほかにも、名著精読や生き方講演会、哲学の日といったプログラムがあります。

また、昨年度から高校生が集まって古典哲学を学ぶ『アスペン・ジュニア・セミナー（日本アスペン研究所主催）』が東洋大京北で行われており、同校の生徒も参加しています。

「様々なプログラムを通じて、考えることをトレーニングし、論理的な思考力や物事を判断し行動に移せる力、豊かな心や思いやりの心を育みます。そうした力や心を持つことで、自分の居場所でベストを尽くし、社会に役立つ人間へと成長していくことができます」（石坂校長先生）

哲学教育（生き方教育）を通じて、生徒の人生の土台を作る東洋大京北には、ほかにも、幅広い知識を養う全科目履修型カリキュラムや、独自の国際教育科目「国際英語」「国際理解」など、魅力的な取り組みが多数あります。その成果は、すでに行事や学習に向かう生徒の姿勢、大学合格実績にも表れており、今後のさらなる飛躍が期待されます。

「本校では、1人ひとりが自身の力で個々の目標を達成していくことを大切にしています。たとえ目標の大きさが違ったとしても、その努力はどれも等しく価値あるものですから、丁寧にサポートしていきます。これからも生徒が今後の人生を『より良く生きる』ための教育を行っていきます」と説明される石坂校長先生。

東洋大京北だからこその哲学教育（生き方教育）に、みなさんも興味をひかれたのではないでしょうか。

学校説明会

学校説明会 要予約
10月24日㊏　11月28日㊏　両日とも15:00～16:30

個別相談会 要予約
9月19日㊏　10月17日㊏　11月14日㊏
11月21日㊏　12月 5日㊏　すべて14:00～17:00

※新型コロナウイルス感染症の影響により変更の可能性があります

SCHOOL DATA

所在地 東京都文京区白山2-36-5
アクセス 都営三田線「白山駅」徒歩6分、地下鉄南北線「本駒込駅」徒歩10分、地下鉄丸ノ内線「茗荷谷駅」徒歩14分、地下鉄千代田線「千駄木駅」徒歩19分
TEL 03-3816-6211
URL https://www.toyo.ac.jp/toyodaikeihoku/hs/

中学生の未来のために！
大学入試ここがポイント

高校受験の舞台に上がる前に、その先の「大学のこと」を知っておくのは、
とても重要なことです。大学受験は遠い話ではありません。そのとき迎える大学入試の姿を、
いまのうちから、少しでもいいのでとらえておきましょう。

知っておきたい大学の学部のこと

NEWS

学部ってなんだろう 高校の「科」とは違う？

大学には、学部というものがあります。第一、大学を受験するときから学部を決めて、入試に向かうことがほとんどです。

例外は東京大学で、初めは全員が前期教養学部に入り、3年生になるとき、それまでの成績をもとに各学部に振り分けられます。

高校では、多くの生徒が普通科に通っていますが、なかには商業科、工業科がある学校もありますし、近年では理数科、国際科など普通科よりは専門的な学習を行う「科」もあります。

大学の学部は、それらの「科」よりももっと専門的で、学習というよりも研究が主体となっていきます。

学部には大きく分けて、職業訓練系、自然科学系、社会科学系、人文科学系の4つがあります。

そのなかに、じつに様々な学部が用意されています。

さて、高校に入ると、先生から「早く決めなさい」と言われるのが、文系、理系どちらに進むかということです。高校2年生の選択授業から文理によって学ぶ内容も変わっていきます。

じつは、その先に大学の学部がつながっています。「学部を受験する」大学入試のスタイルが変わらない限り、高校での学びの選択も変わらないでしょう。

高校で「早く決めて」と言われるのですから、中学生のいまから、大学の学部をよく知ることには意味があります。

本誌では、10月発刊の「秋・増刊号」で、大学の学部について特集します。

「将来の大学受験のことも考えなくちゃ」とわかっているけれど、でも肝心の大学受験の仕組みがよくわからない……。そんな中学生の皆さん、ご安心ください！　早稲アカ大学受験部が、大学受験の基本をわかりやすく解説します。１つ先の目標を見据えると、未来へ続く道が見えてくるかもしれませんよ。

早稲田アカデミー
大学受験部長
加藤《かとう》　寛士《ひろし》

Q3 国公立大学は何回まで受験できるんですか？

A 基本的には「前期日程」「後期日程」を利用し、２回（もしくは２校まで）受験できます。

国公立大学の「一般選抜」には、「前期日程」「後期日程」の２回のチャンスがあります（少数ですが、一部の国公立大学には「中期日程」を設定しているところもあります)。「前期日程」で第一志望校を受験して万一不合格だった場合、「後期日程」で再度チャレンジすることは可能です。ただし、一般的に「後期日程」は「前期日程」と比較して募集人員が少なく難度が上がるため、「後期日程」では第一志望校よりもレベルを下げ、別の大学を受験する人が多い傾向にあります。

Q4 国公立大学を受けるためには、何科目勉強したらいいんですか？

A 「大学入学共通テスト」で必要なのは5教科・7科目！　高校での学びは中学より深く、広くなっていくのです。

「大学入学共通テスト」を利用した１次試験では、概ね次の科目の受験が必須となります。

- **文系**…英語（外国語）・数学ⅠA・数学ⅡB・国語・社会（２科目）・理科
- **理系**…英語（外国語）・数学ⅠA・数学ⅡB・国語・理科（２科目）・社会

文系であっても数学や理科、理系であっても国語や社会の試験が必要です。どの科目も基本的な問題が中心ではありますが、90%程度の得点率になるよう、基礎力・処理速度の向上が必要です。

また、各大学が実施する２次試験では、一般的に文系で英・国・社or数の３科目、理系で英・数・理・理の４科目が課されます。さらに、東大や京大などの一部の最難関大学では、より多い科目数が課せられます。「２次試験」では、難度の高い記述問題に対応する力も付けねばなりません。国公立大学合格を目指すためには、早いうちから偏りのない学力を身に付けておく必要があるといえます。

Q5 東大に合格したい！ 学校推薦型選抜（推薦入試）が狙い目ですか？

A 東大の学校推薦型選抜は、一般選抜以上に“狭き門”です！

東大の入学者選抜は「一般選抜」と「学校推薦型選抜」の２種類がありますが、「一般選抜」の募集人員が3000人程度であるのに対し「学校推薦型選抜」はわずか100人程度。また、「学校推薦型選抜」は、各高校が推薦できる人数が「合計４人（男女各３人まで)」という条件が定められています。加えて、学部ごとの推薦要件についても、国際科学オリンピックをはじめとする全国レベルや国際レベルのコンテスト・コンクールでの実績などが求められます。つまり、出願すること自体がかなり難しいのです。

早稲アカ大学受験部が教えます！

大学受験 基本のキ

国公立大選抜編

Q1 大学の入試にはどんな種類がありますか？

A いくつか種類がありますが、入学者が一番多いのは学力試験による「一般選抜」です。

大学入試にも、高校入試と同じような推薦入試や、特定の能力や技能を生かした入試があります。ちなみに、今年度から大学の各入試の名称が次のように変更されています。

一般入試（旧名称）→ 一般選抜

学力試験の結果で合否が決まる入試。国公立大学ではQ2～4のように形式が決まっているが、私立大学では学校によって多様な形式がある。

推薦入試（旧名称）→ 学校推薦型選抜

高校での成績や取り組みが評価される入試。書類審査や小論文、面接がメインだが、学科試験を課される場合もある。

AO入試（旧名称）→ 総合型選抜

大学が求める人物像にあう人材を選抜するための、特技や経験、資質などを重視する入試。条件を満たせば誰でも出願できる。

この他にもさまざまな入試がありますが、やはりメインになるのは「一般選抜（一般入試）」です。国公立大学・私立大学ともに、特に上位大学になればなるほど、一般選抜の比率が高まる傾向にあります。なお、私立大学の「一般選抜」には、「個別日程」「全学部日程」「共通テスト利用型入試」「英語外部試験利用型入試」などさまざまな形式があります。

Q2 国公立大学の「一般選抜」は試験が2回あるんですか？

A そうです！「共通テスト（1次試験）」と「個別試験（2次試験）」の2回行われます。

国公立大学の「一般選抜」では、「大学入学共通テスト」を利用した1次試験と大学ごとに行われる2次試験の両方を受験する必要があります。志願者が一定の倍率に達した場合は、1次試験の結果によって選抜が行われます。

「大学入学共通テスト」は昨年までの「大学入試センター試験」にあたるもので、2021年度（今年度）から名称が変わりました。例年1月の第3土曜日・日曜日に実施され、今年度は2021年1月16日・17日に本試験が実施されます。科目数が多いのが特徴で、記述問題の導入が検討されていましたが、今年度は全問マークシート形式が継続されることになりました。難度については2次試験や難関私立大学の入試問題ほど難しくはなく、東京大学や国立医学部を目指す場合は、5教科7科目900点満点で90％以上を目標とすべきレベル感です。

一方、2次試験は各国公立大学が作成する入試問題で、記述問題が多いのが特徴です。毎年2月25日（2日間実施の場合は26日まで）に行われます。

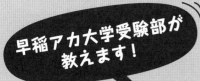

東大入試突破への現代文の習慣

東大入試を突破するためには特別な学習が必要？ そんなことはありません。身近な言葉を正しく理解し、その言葉をきっかけに考えを深めていくことが大切です。田中先生が、少しオトナの四字熟語・言い回しをわかりやすく解説します。

早稲田アカデミー教務企画顧問
田中としかね

東京大学文学部卒業
東京大学大学院人文科学研究科修士課程修了
専攻：教育社会学
著書に『中学入試 日本の歴史』『東大脳さんすうドリル』など多数。文京区議会議員として、文教委員長・議会運営委員長・建設委員長を歴任。

田中先生の「今月のひと言」

最初は意識して取り組みながら、続けることで習慣化するのです。

今月のオトナの言い回し

筆が立つ

今年の夏は学校の「お休み」期間も短いケースが多かったようですね。それでも、まとまった休みの前には「気になる課題」について、この期間に何とか解決したい！ というさまざまな相談を、生徒たちから受けることになります。そんななか、国語の学習やテスト対策について、最も多い相談というのが「どうすれば記述問題ができるようになりますか？」というものです。解答用紙を前にして「う～ん」とうなっているだけで筆が全く進まない……という状況は避けたいですよね。その反動ともいえるのでしょうが、生徒のイメージのなかでは「記述が得意」というと、すらすらと自由自在に答案を完成させられる、というのが理想として思い描かれているようです。しかしながら、「何も『筆が立つ』必要はない」と理解することから記述問題への対処は始まるのだ！ というと、皆さんは不思議に思うでしょうか。

「筆が立つ」というのは「巧みな文章を書くこと」を意味する慣用句です。ところが「字が上手なこと」だという意味で理解している生徒が少なからずいるので注意が必要ですよ。「とても巧みに文字を書く」という意味の言葉は「達筆」になります。「たっぴつ」と読みますからね。「筆」を扱うのが「達者《たっしゃ》」であるという熟語ですよ。これにも注意が必要で、「巧みな文字」がイコール

「字がうまい」ということでもないのです。「すらすらと流れるように文字を書く」というのは「一見すると読めないような崩した文字を書く」ということですので、達筆だといわれる人ほど、普通には読みにくい文字を書くということでもあるのです。ですから「達筆ですね！」という言葉は、ほめ言葉にもなれば「何を書いているか読めませんよ！」という意味での皮肉にもなるということを覚えておきましょう。

慣用句の「筆が立つ」の説明に戻ります。「筆を折る」（文筆生活をやめる）や「筆を入れる」（文章を添削する）などのように、「筆」＝「文章を書くこと」を意味する慣用句は多いのです。では「立つ」というのはどういった意味なのでしょうか？「立つ」には「筆」以上にたくさんの慣用句があることに驚きますよ。たとえば「腕が立つ」「弁が立つ」「角が立つ」「顔が立つ」「めどが立つ」「波風が立つ」「白羽の矢が立つ」などなど。「筆が立つ」は「腕が立つ」（技術が優れている）や「弁が立つ」（話し方がうまい）と同じように「技能などが一段と優れている」という意味の「立つ」に属することになります。他にも「現象や状態が出現する」という意味や「ものごとが成り立つ」という意味にもなりますので、確認してみてくださいね。

さて記述答案作成への心構えです。とかく「記述力」というと、「上手に文章を書く力（筆が立つこと）」と考えてしまうようですが、違うのです。「記述問題ができない！」と嘆いている生徒の多くが、こんなふうに記述問題をイメージしています。「真っ白な画用紙を前にして、何を描いたらいいのかわからなくて悩んでいる」というものです。「絵がうまければスラスラと描けるのに」というのと同じ発想で「文章がうまければ」と考えてしまうのですが、違うのです。何をどのように描く（書く）のかは、全て提示されているのですから。国語のテスト問題には必ず「次の文章を読んで後の問いに答えなさい」とありますよね。ここで求められているのは「文章を正確に読んだ」という報告なのです。決して「文章を創作する」ことではありません。ノンフィクションのレポートこそが記述答案に求められる姿勢なのです。文章に書かれている内容を客観的に分析して、要点を抽出することが何よりも重要になります。この「コア」の部分こそ、記述答案に必ず書かなくてはならないことになるのです。それは「文章をちゃんと読んで見つけました」という報告に等しいのです。ですから、記述答案の作成には余計なことを「削る」という作業が重要になります。何かを付け加えてしまっては「フィクション」になってしまいますから。いかに上手な文章で表現したとしても、「次の文章」と関係がなければ「0点」なのです。

「達意」という言葉があります。「自分の考えが十分に相手に理解されるように表現すること」と意味します。「達意の文章」こそ記述表現の極意だといわれることもあります。その通りなのですが、ここで注意しなくてはならないのが「自分の考え」というポイントです。記述答案における「自分の考え」とは「次の文章にこめられた意味を自分で理解した内容」になるということです。そして「相手」とは「答案の採点者」になります。採点者に意味が良く伝わるように構成し直すことが、記述の目的なのです！

今月のオトナの四字熟語

熟読玩味

「記述するためには、文章をしっかりと理解しなくてはならないということですね」。その通りです。どうすれば記述できるか？　ということよりも先に、何を記述しなくてはならないのか、その内容の理解がなくては始まらないということです。「次の文章」を丁寧に読み込み、どこに何が書いてあるのかをきっちりと把握すれば、「書くべきこと」が浮かび上がってきます。そのためには、脳裏に焼き付けるように、文章を読まなくてはなりません。

「熟読玩味」というぴったりの四字熟語があります。「じゅくどくがんみ」と読みますよ。「熟読」は、文章を繰り返し読んで意味を十分に考えることですよね。「玩味」は、食べ物をしっかりと味わいながら食べること。よく噛みしめて味わうこと、というのが本来の意味です。ここから転じて、文章を深く読み取って理解すること、ということも意味するのです。「熟読玩味」は故事成語でもあり、出典があります。中国の古典『小学』に登場します。南宋の時代に編纂された書物で、古人の教えを伝えて理想的な人間を養成しようというのが編纂の意図になります。その中で「熟読玩味」するべきものとして『論語』『孟子』が取り上げられているのです。

「テスト中に読解の文章を熟読玩味する時間はないと思います」。そうですね。時間の限られているなかで「じっくり味わいながら」文章を読むなんてことは、できそうもありません。身に付けてほしいのは「味わう」という言葉に端的に表現されている態度なのです。同じく「食べる」ということに関わる言葉で、言い換えてみるとイメージしやすいかもしれません。それは「咀嚼《そしゃく》」をして「腑《ふ》に落ちる」ということになります。「咀嚼」は「噛み砕くこと」、「腑に落ちる」は「内臓にしみわたる」というのが字義通りの意味ですが、「咀嚼」は「言葉の意味をよく整理して理解すること」、「腑に落ちる」は「納得する」という意味にもなるのです。「納得できるまで、言葉の意味をよく整理する」というのが、読解の際に求められる態度になります。

テスト中にはできませんが、問題集などに取り組む際に、この「熟読玩味」の態度で文章を読み込んでみてください。どのくらい「読み込む」のかと言いますと、「この文章に何が書いてあったのか」を人に説明できるくらい、になります。自分がきちんと理解できていなければ、人に説明することはできませんからね。何が書いてあったのか、頭の中にしっかりと入力をして、さらにはそれが適切に出力される。こうなれば「記述すべきこと」が何であるのかということで、頭を悩ませることはなくなります。ぜひ、読解の文章を読んだら、その内容を人に説明してみてください。相手はいなくてもかまいませんよ。カメラの向こうの相手を想定して語りかけるユーチューバーのように、説明するのです。「現代文の習慣」にしてください！

その研究が未来を拓く

研究室にズームイン

東京大学 工学部 航空宇宙工学科
土屋・伊藤研究室

土屋《つちや》武司《たけし》 教授

航空機の誘導制御技術および無人飛行ロボットに関する研究

中学生のみなさんにはあまりなじみがないかもしれませんが、日本には数多くの研究所・研究室があり、そこではみなさんの知的好奇心を刺激するような様々な研究が行われています。このコーナーではそんな研究所・研究室での取り組みや施設の様子を紹介していきます。今回は、航空機を安全に飛ばすための誘導制御技術の研究、および無人飛行ロボットに関する研究を行う東京大学の土屋武司教授の研究をご紹介します。

写真提供 東京大学 土屋・伊藤研究室

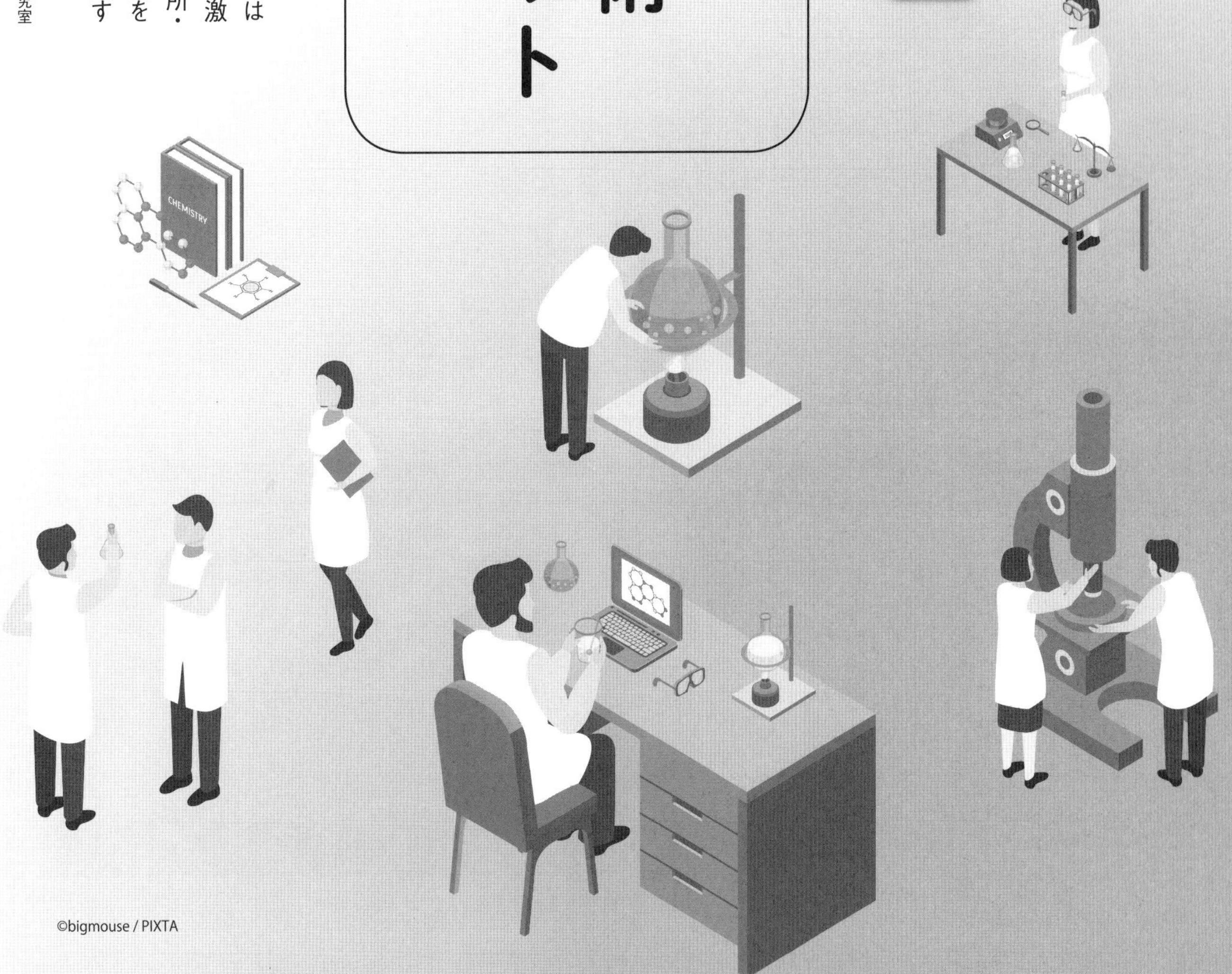

©bigmouse / PIXTA

土屋《つちや》 武司《たけし》

東京大学大学院工学系研究科航空宇宙工学専攻博士課程後期修了後、外部研究機関での勤務を経て、2007年4月から東京大学大学院工学系研究科航空宇宙工学専攻准教授、2015年より同専攻教授となる。

航空機を「制御」して正しく「誘導」する

　東京大学工学部航空宇宙工学科は、その名の通り、飛行機やヘリコプター、ロケット、人工衛星といった航空機や宇宙機※に関する研究を行う学科です。その研究分野は多岐にわたり、例えば、

・より安全に飛べるように、航空機や宇宙機の空気抵抗を少なくする技術を研究する分野（空気力学）
・軽量かつ安全性の高い機体を設計する分野（構造・設計）
・旅客機に搭載されるジェットエンジン、ロケットに搭載されるロケットエンジンなど、高性能なエンジンを開発する分野（推進工学）

などがあげられます。

　今回紹介する土屋武司教授は、これらとはまた異なる「誘導制御」にまつわる研究をおもに行っています。誘導制御とは航空機の姿勢や方向を「制御」して、飛行を正しく「誘導」するための研究のことです。

　「航空機、とくに旅客機が事故を起こす可能性は限りなくゼロに近いといわれています。しかし今後は、小型のビジネスジェット機や空飛ぶ車など、空を飛ぶ機体が増えることが予想されますから、事故の件数も増えるおそれがあります。そこで我々は『飛行中に故障した航空機を緊急着陸まで安全に誘導・制御するシステム』を研究開発しています」と土屋教授は話されます。

1冊の本との出会いがこの研究を志すきっかけに

　幼少期から宇宙や飛行機に興味があり、「宇宙戦艦ヤマト」や「機動戦士ガンダム」といったSFアニメーションが大好きだった土屋教授。やがて中高生となり関連する本を読むうちに、いつしか航空機の研究をしたいと考えるようになりました。なかでも誘導制御の研究に携わりたいと思ったのは、ある本に影響を受けたからだといいます。

　「高校生のころ、この研究室にかつていらっしゃった加藤寛一郎教授が出版した『飛行のはなし―操縦に極意はあるか―』を読みました。なるべく短時間で燃料消費も抑えつつ、飛行機を目的地まで飛ばすシミュレーションをするという、誘導制御に関する研究を一般向けにわかりやすく解説していたこの本がとてもおもしろくて、大学ではそうした研究をしたいと思いました。

　誘導制御の研究を志したきっかけは、たった1冊の本との出会いというとてもシンプルなものでしたが、そのとき感じたワクワクした気持ちをずっと持ち続けて、いまも研究に励んでいます」と語られます。

　そして、早稲田大学で機械工学について学んだあと、東京大学大学院へと進学。現在在籍する研究室の前身となる研究室に入り、当時はおもにスペースプレーンに関する研究を行っていました。スペースプレーンとは、特別な打ち上げ設備を必要としない宇宙輸送機、つまり地球と宇宙を飛行機のように往復できる夢のような航空機です。

スペースプレーンのイメージ図

　大学院卒業後も、外部の研究機関でスペースプレーンについて研究を続けたのち東京大学に戻り、前任の教授から現研究室を引き継ぎます。なお、２０１９年に伊藤恵理准教授が着任したことで、現在は「土屋・伊藤研究室」となりました。

　「生きているうちにスペースプレーンに乗って宇宙に行きたいです」と話す土屋教授は、いまも誘導制御の研究のかたわら、スペースプレーンの研究にも取り組んでいます。その研究のおかげで、私たちがスペー

※ロケットや人工衛星といった宇宙を飛行する機体

スプレーンで宇宙に行ける日がくるかもしれません。楽しみですね。

人工知能を用いた誘導制御技術を開発

続いて、冒頭でお話しした「飛行中に故障した航空機を緊急着陸まで安全に誘導・制御するシステム」について見ていきます。ポイントとなるのは人工知能の活用です。

多くの飛行機は自動操縦のため、基本的にパイロットが操作しなくても飛び続けることができます。ただ、想定外のトラブルが起こった際の対処はパイロットしかできません。そこでパニックになるとトラブルがトラブルを生み、壊滅的な事態が起こってしまいます。それを防ぐために、パイロットの勘や経験に頼っているところを人工知能で代替できないか、というのです。

「人間はケガをしてある部位がうまく動かせなくなっても、ほかの部位で補えば元通り過ごすこともできます。現状の飛行機は、自力でこうしたカバーを行うことはできませんが、人工知能を用いた誘導制御技術を搭載すれば、万が一事故が起きたとしても、自力で安全に着陸することができます。

我々はそうした『飛行機を落とさない』ための誘導制御技術を、コンピューターでのシミュレーションを通して開発しています」（土屋教授）

シミュレーションを繰り返し、「アイディアがきちんと作動するか確認」したあとは、自作したシミュレーター【写真㊦】を使い、本物に近い形でもシステムがうまく機能するかを確かめます。ときには航空会社がパイロットの操縦訓練用に使用する、より本格的なシミュレーターで検証することもあります。

そして最後に行うのが、JAXA（宇宙航空研究開発機構）が所有する実験航空機を用いた飛行実験です。このときは実際に飛行して、誘導制御が的確に行われるかを確認します。

また、パイロットの方の意見も参考にするため、研究室にパイロットの方を招いてシミュレーターを操縦してもらうことで操縦の傾向を計測したり、計器システムについて聞き取り調査をしたりして、その結果を研究に役立てています。

知識を結集させていい飛行機を作りたい

そのほか、環境に配慮して燃料の消費を抑えたフライトを実現するための研究、航空管制官の負担を減ら

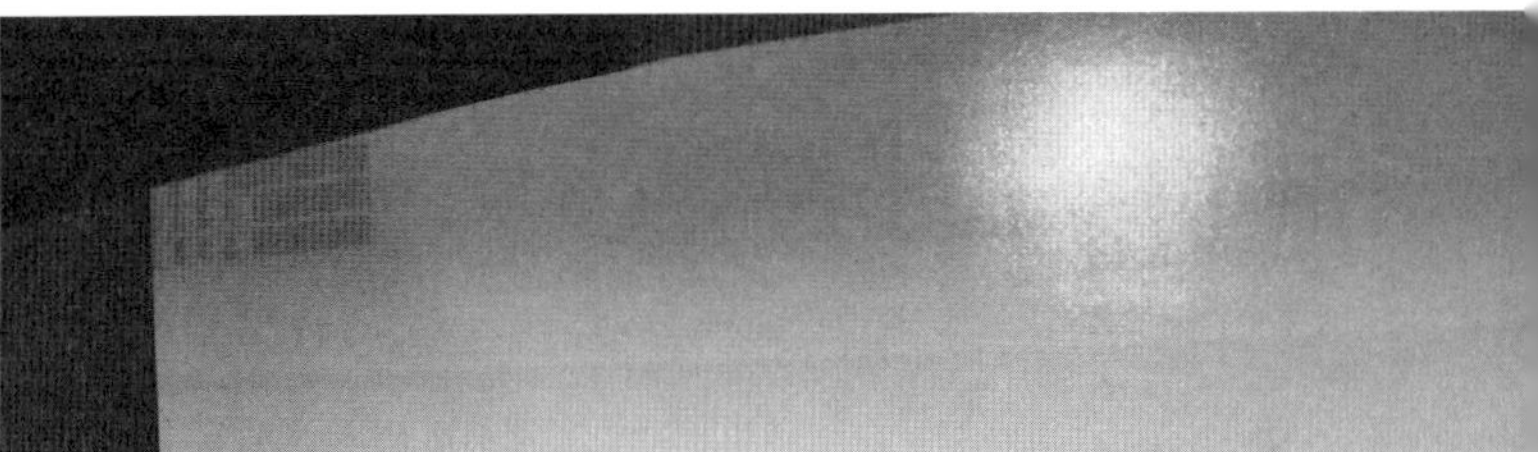

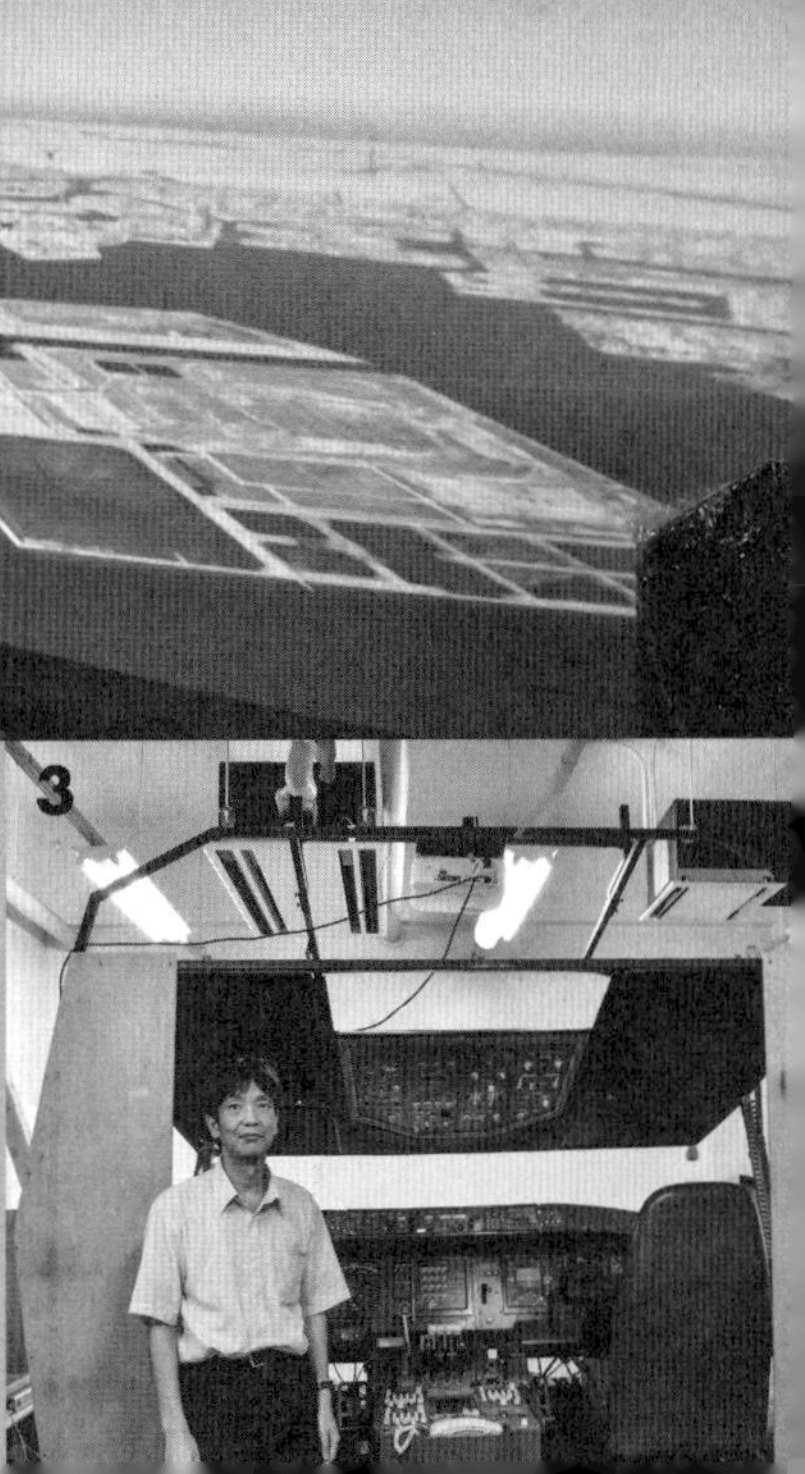

1 取材当日、研究室内にあるシミュレーターを土屋教授が操縦してくれました

2 視線の先には東京の街をイメージしたグラフィックが広がります

3 土屋教授らが自作した研究室内のシミュレーターはこのようにボックスの形をしています

シミュレーター

研究室内のシミュレーター以外にも、様々なシミュレーターを使用しています

様々な計測機器

パイロットの方に機器を装着してもらい計測した数値を研究に役立てています

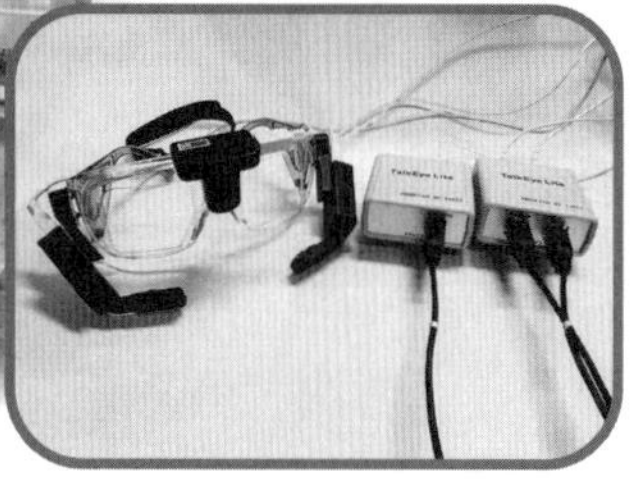

アイマークカメラ

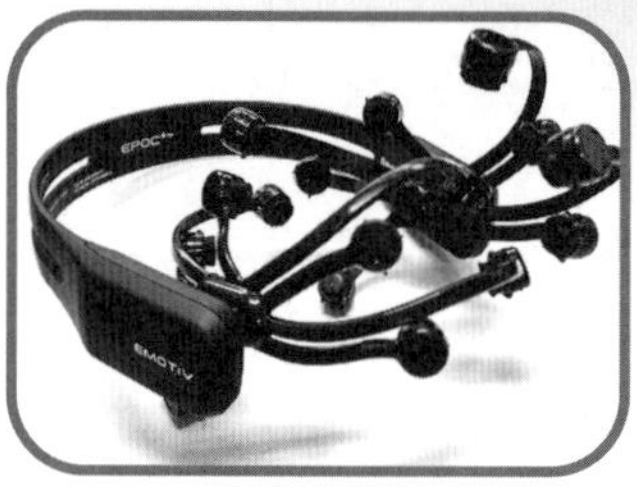

携帯脳波計

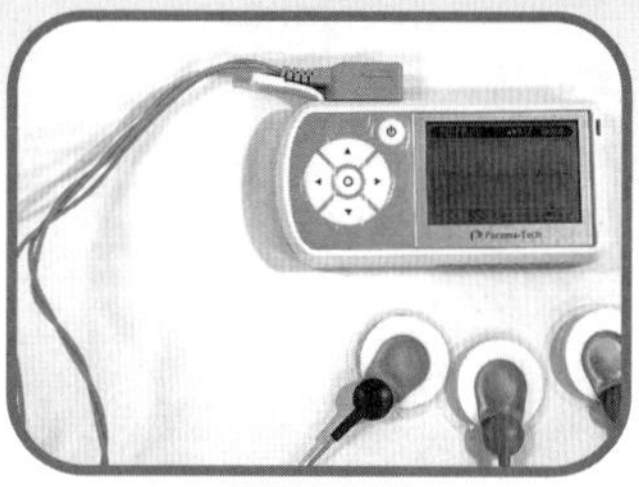

携帯心電計

すための航空管制自動化システムの開発など、航空機に関する様々な研究を行っている土屋教授。

さらに、「設計段階で形状を最適化すれば、より安全な飛行が実現できる」との考えから設計に関する研究もしているそうです。

ただし、冒頭でも触れたように、航空機に関する研究は多岐にわたることから、「もちろん我々だけですべての研究を完結させるのは困難です」とも話されます。

「大学内の他分野の先生方、また、JAXAをはじめとする研究機関の方々にも助けていただきながら、多様な分野の知識を融合させて、ベストな航空機を開発していきたいと考えています。そのために自分も色々な分野の知識を身につけておかなければならないと思っています。

また、東京大学で航空機の誘導制御を扱う唯一の研究室でもあるので、誘導制御の研究にも引き続き注力して、航空機の安全性を高めることに貢献していきたいです」

20年前から着手する UAVの研究

さて、みなさんはUAV(Unmanned Aerial Vehicle)という言葉を聞いたことがありますか？ UAV、すなわち無人航空機は、いまではドローンという名で浸透し、目にすることも増えてきました。

土屋教授は約20年前、まだドローンという言葉も一般的ではなかったころから、このUAVを無人の「飛行ロボット」と名づけ、研究・開発に取り組んでいます。約20年前というと、土屋教授が研究所から東京大学へ移ったころ。そのときちょうど、リチウムイオン電池が一般にも普及されるようになったことが、研究を始めるきっかけでした。

「子どものころから、自分で飛行機を作って飛ばすのが憧れでしたが、当時の電池ではなかなか難しかったんです。それに比べてリチウムイオン電池は、昨年、吉野彰さんがノーベル化学賞を受賞したことも記憶に新しい、とても性能がいい電池なので、これとモーターを組みあわせれば、飛行ロボットを自作できるようになりました」(土屋教授)

それまで有人航空機を研究していた土屋教授は、飛行ロボットを自作できるなら、故障した機体の誘導制御に関するシステムなども、飛行ロボットに組み込んで実験できると考えます。しかも無人なので、様々な手法を気兼ねなく試せるということで、飛行ロボットの開発、および、

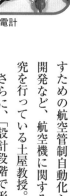

それを使った誘導制御の研究にも取り組むようになりました。

15年前に開催された愛・地球博（2005年日本国際博覧会）では、早くも空を自動で飛んで撮影したデータを携帯電話に送信する飛行ロボットを公開。空を飛ぶロボットがまだ珍しかった当時、かなりの注目を浴びたといいます。

やがて10年ほど前からはドローンという言葉もでき、関連する研究が外部でも盛んに行われるように。土屋教授の研究室でも、多彩な飛行ロボットが開発されています。

多種多様な飛行ロボット

例えば、翼がなくプロペラのみの「マルチコプター」と呼ばれる飛行ロボット【写真㊦】。GPSをはじめとするセンサーやバッテリーなどを中央部に積み込むほか、モーターはプロペラと直接つながっており、モーターの回転数が上がるとプロペラも回って上昇するというシンプルな仕組みになっています。

「プロペラは4本あれば十分ですが、より重い荷物を運ぶなら本数を増やす必要があります。8本あると1本故障してもほかの部分でカバーできるので安定感はあります。一方、本数が2倍になると故障する可能性も2倍になりますから、どちらがいいかは一概にはいえません。用途によって、適宜使い分けていくことが大切です」と土屋教授。

いまでは多くの企業がマルチコプターを開発しており、荷物の輸送や空撮、農薬散布など、色々な用途で活用されています。

そして、翼があるタイプの飛行ロボットも、次ページの写真のように多種多様なものが作られています。なかには、昆虫の羽の動きを再現するというユニークなロボットの制作を試みた学生もいたといいます。

飛行ロボットの開発は、このように「こんな形状のロボットを作りたい」という「形」から始まることもあれば、「こんなものを運びたい」という「目的」から始まることもあり様々です。

いずれにしても、飛行ロボットを作ることは、教育的な意義も大きいのだと土屋教授は語られます。

「大型飛行機の設計は一生に一度できるかどうかの『人生の大仕事』とも呼べるほど特別な仕事ですから、将来携われる人も限られてきます。しかし、小型無人機であれば自作できますし、自分が考えたシステムを組み込んで飛ばすこともできま

プロペラのみの小型飛行ロボット

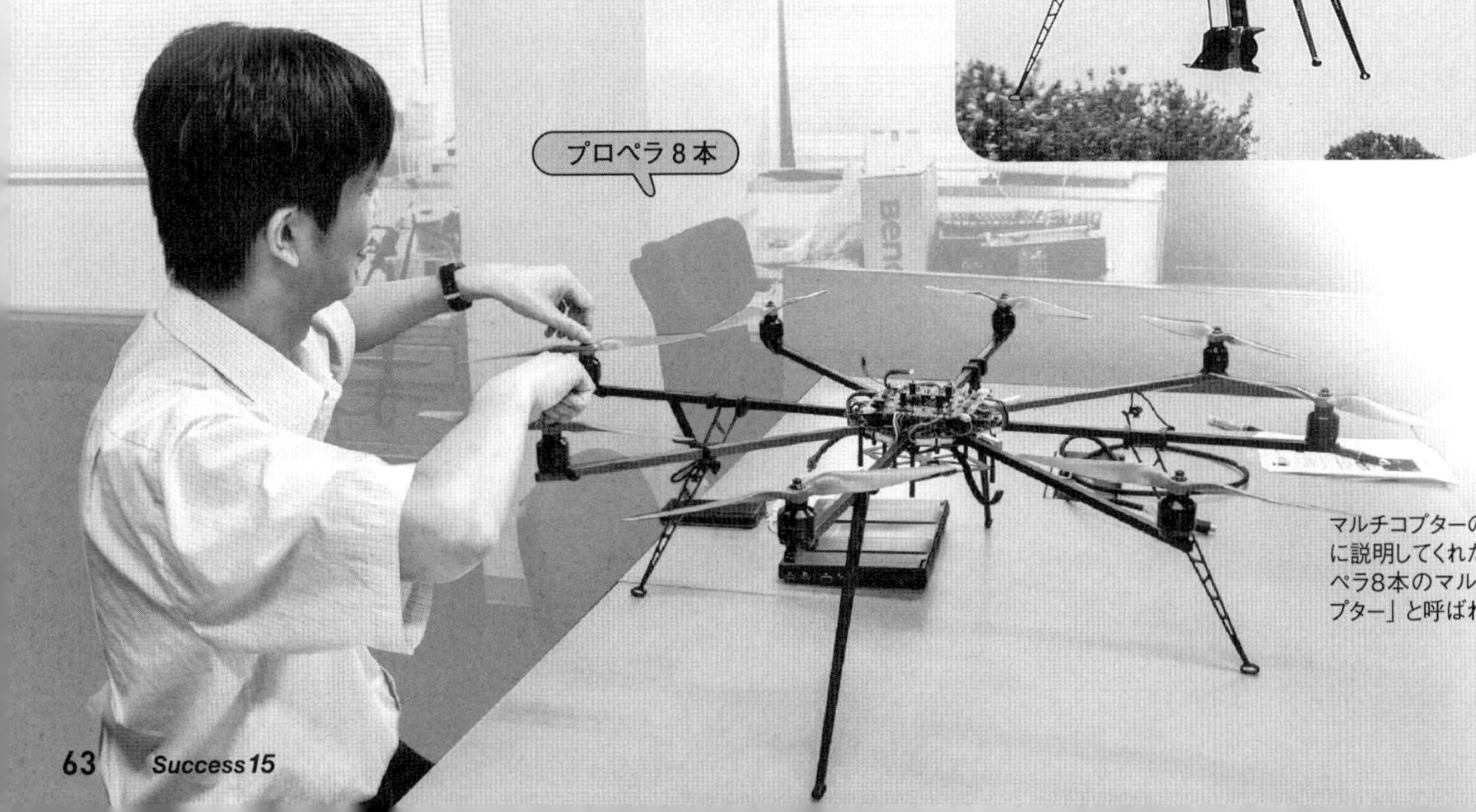

マルチコプターの仕組みについてに丁寧に説明してくれた土屋教授。なお、プロペラ8本のマルチコプターは、「オクトコプター」と呼ばれているそうです。

す。学生のうちにこうした体験をすることは、彼らの人生にもいい影響を与えていると感じます」

　そして、研究室以外の学生にもそうした「ものづくり」の経験をしてほしいと、異なる学科の学生も受講できる教養科目でも、飛行機の模型を自分で作り、最終的に飛ばすという講義を受け持っています。今年は新型コロナウイルス感染症による影響で開講が難しくなっていますが、例年とても人気のある講義で、どの学生も楽しみながら飛行機作りに取り組んでいるそうです。

「無人」だからこそ出てくる問題点

　土屋教授によると、そう遠くない未来、街中をこうした飛行ロボットが飛び回り、荷物を宅配する時代がやってくるのだそうです。そこで問題になってくるのが、安全性をどう確保するかということです。

　長い歴史のなかで安全性が確立され、その基準も明確に示されている有人航空機に比べて、まだ歴史が浅い無人航空機。どんな試験で安全性を確かめるのか。なにをもって安全とするか。そうした基準作りから始めなければなりません。

　それは土屋教授が考える、人工知能を用いた誘導制御技術に関する研究の難しさにもつながります。

「自動で動く飛行ロボットが、安全に飛ぶ保証はどこにもありません。それと同じで、人工知能を搭載した飛行機も、思わぬ事態が起こったときにだれが責任をとるのか。ゆくゆくはパイロットが搭乗せずとも飛べる旅客機も開発したいのですが、そもそも人が操縦しない飛行機にみなさんが乗り込んでくれるのか…。

　アイディアは浮かぶものの、それをいざ実用化しようとすると、ハードルがとても上がってしまうのが、この研究の難しさです」と土屋教授は話されます。

アイディア1つで広がる未来

　では反対に、この研究のおもしろさはどんなところにあるかを伺うと、「アイディア次第でいくらでも可能性が広がるところ、そしてそれをどんどん形にできるところ」だといいます。

　その言葉通り、誘導制御の研究では、コンピューターでのシミュレーションで様々なアイディアを試していますし、飛行ロボットにいたってはかつて存在しなかったものを土屋教授ご自身が生み出しました。

多種多様な 小型飛行ロボット

研究室の学生の手によって生み出されるユニークな飛行ロボットの数々。それぞれが工夫を凝らしながら制作しています。

講義の様子

講義でも飛行機作り

自分で設計したものを形にする土屋教授の講義。木のパーツを切り出す、数あるモーターから適切なものを選ぶという作業もかけがえのない思い出として心に残ります。

切り出したパーツ

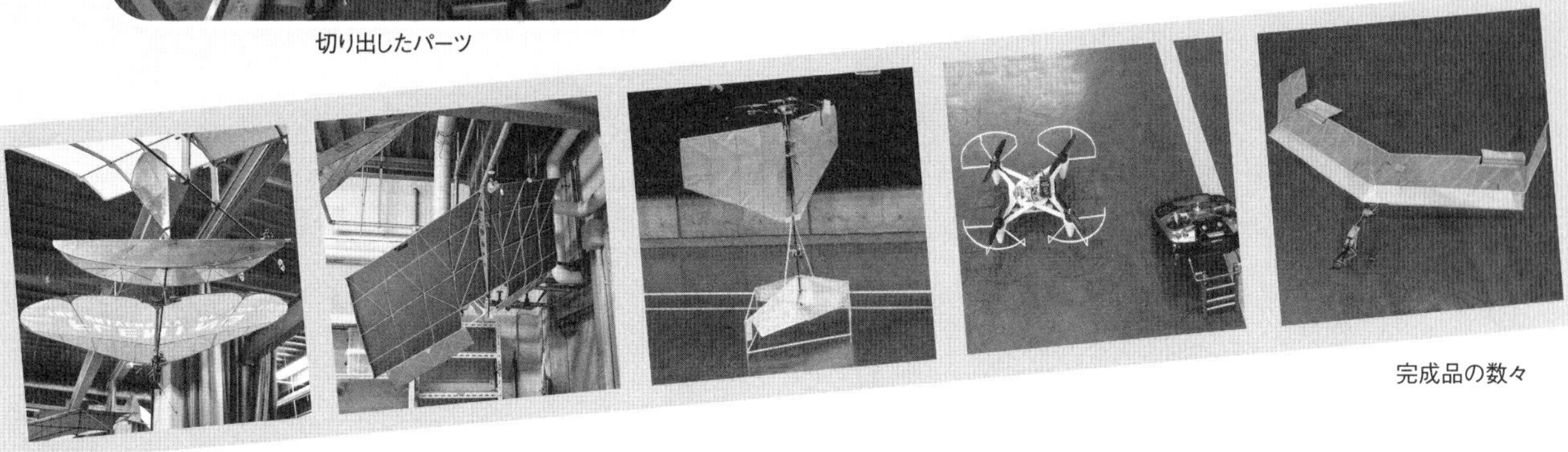

完成品の数々

また、企業と共同研究もしているため、大学が持っている資源と、企業が持っている資源をうまく組みあわせて、新しいものができあがっていく様子を見るのも、とても楽しいそうです。

「おもしろいアイディアを生み出すには、航空機の研究に限らず視野を広く持つことが大切だと考えています。文系の学問、例えば哲学がなにかのきっかけになるかもしれませんし、若者の文化にヒントが隠されているかもしれません。そうした一見関係なさそうな分野や技術をうまく組みあわせて、新しいものを創造していく力が必要です。

ですから、今回の話でこの分野の研究に興味を持った中学生の方がいたら、まずは色々な分野に目を向けてほしいです」と話す土屋教授。

いまは無機質な航空機も、今後は飛行の状態によって形が変わったり、故障をしたら自分で修復したりと、生物的な要素を含んだものに進化する可能性があるのだそう。

そうした技術が、どこからどう生まれていくかは、まだだれにもわかりません。だからこそ「多様な分野に幅広く目を向けてほしい」と話されます。興味のあることを深く追究するのもいいけれど、読書や映画鑑賞といった趣味の時間も含めて、色々なことに興味を持つことが、将来思わぬ発見につながるかもしれないのだといいます。

このように、未来を見据えて日々、研究に取り組む土屋教授から、最後にみなさんへのメッセージをいただきました。

「新型コロナウイルス感染症の影響で先が見通せず、不安を抱えている方も多いでしょう。しかし私は、やがて明るい未来が来る、そのときにいまよりもっといいものを世に出したいという気持ちで研究に取り組んでいます。みなさんもいまの勉強が、未来に結びつくのだと信じて、様々な知識を身につけていってほしいです」（土屋教授）

どんな飛行ロボットなら安全に飛び回れるのか、答えはまだ出ていません。「正解」にたどりつけるよう、これからも研究を突き詰めていきたいです。

研究室情報

メンバー：東京大学工学部航空宇宙工学科の大学生、大学院生約20名
所在地：東京大学本郷キャンパス 東京都文京区本郷 7-3-1

こちら東大

はろくま情報局

アルバイトでの経験が自分の成長につながる

　大学生になると、多くの学生がアルバイトを始めます。それは東大生も同じで、私自身、いままで色々な種類のアルバイトを経験してきました。

　そして大学で部活動やサークル、研究などに打ち込む人がいるのと同じように、アルバイトに打ち込む学生も多くいます。

　中学生のみなさんは、アルバイトに対してどんなイメージを持っていますか？　じつはアルバイトはたくさんの貴重な体験ができる場でもあるのです。今月はアルバイトを通して経験できることを紹介して、大学生のイメージを広げてもらえればと思っています。

　まず、東大生がしているアルバイトでよく聞くのは、塾講師や家庭教師などの勉強を教えるアルバイトです。受験勉強に全力で取り組んだ東大生は、自分たちの経験を活かした仕事をすることが多いようです。

　また、カフェやレストランなどでのアルバイトも定番で、お客さまに喜んでもらえることをやりがいに感じられて、みんな楽しそうに仕事をしている印象です。

　そのほか、ベビーシッターや、泊まり込みでリゾート地のスタッフとして働くなど、珍しいアルバイトをしている人もいます。私も一時期、住宅展示場の呼び込みのアルバイトをしていたことがあります。きれいな家をたくさん見ることができて、とても楽しかったのを覚えています。

後輩指導をはじめ様々な仕事もこなす

　さて、アルバイトは部活動やサークルといった学生だけの活動とは異なり、すべての仕事に責任が伴います。それに、ただ与えられた仕事をこなすだけでなく、お店の営業利益を上げるために色々と考えて行動を起こす、あとから入ってきた後輩を育てるなど、色々なところにも目を向けなければなりません。

　ただ、これらの経験はきっと社会人になったときに役に立つでしょうし、ある意味、社会に出るための準備期間としての役割も担っているのではないかと思います。

　私も以前働いていたレストランで、毎月のミーティングに参加して営業の方針決めについて話しあったり、後輩の指導をしたりしたことは、自分の成長につながったと感じます。

　また、大学にいると自分と同じような人生を歩んできた人と出会うことが多いのですが、アルバイト先では普段周りにはいないような人との思いがけない出会いもあったりします。

　例えば私の場合、バイト仲間に同世代で俳優をめざしている人がいました。自分と歩む道は違っても夢をしっかり持ち、それについて熱く語るその人の姿を見て、自分も目標に向かって頑張ろうと励まされ、前向きな気持ちになることができました。

私の周りの東大生

悔しい思いも糧にして アメフト日本一をめざすSくん

文学部歴史文学科３年のＳくん

東大アメリカンフットボール部で日本一をめざして日々練習に励むＳくん。当初は運動部への入部を考えていなかった彼がアメフト部に入ったのは、運動のイメージがなかった東大生が本気で熱くなって、日本一をめざす姿に惹かれたからだそう。受験が終わってなにか頑張れることを探していたタイミングだったこともあり、入部を決めたといいます。

東大アメフト部は、選手は100人超え、選手を多方面から支えるスタッフ（マネージャー、トレーナー、スチューデントアシスタント〈SA〉、マーケティング）も50人ほどと東大でもかなりの大所帯。ぶつかりあいのイメージが強いアメフトは、じつは頭脳戦といえるほど戦略が重要なスポーツなので、他大学の分析や戦略のシミュレーションなどはSAを中心にとても入念に行います。選手を支える役割として、スタッフはチームに不可欠な存在なのだとＳくんは話します。

試合出場に向けて奮闘するＳくん

とにかくがむしゃらに練習に励み、入部から現在までで25kgも体重を増やしたＳくん。奥が深いスポーツだから、飽きることがないと楽しそうに話しますが、２年生のとき厳しい壁にぶつかります。彼のポジション・ディフェンスバック（DB）は多くの選手がいて、２年生だったＳくんは実戦練習に参加できず、見ていることしかできなかったのです。そのとき感じたもどかしさをバネに、今シーズンは試合出場をしてチームに貢献できるよう、頑張っているといいます。

大切なのは「スタンダードを上げる」こと

そんな東大アメフト部の強さの秘訣は、チームの「スタンダード（基準）を上げる」こと、とＳくん。練習の量・質ともに高めることがチーム文化として根づいているため、厳しい練習、プレーの反省、選手同士のアドバイスも当然のように行えるそう。この「基準を上げる」ことは勉強にも通ずるものがあり、例えば普段の勉強が10時間の人と２時間の人では、頑張ったと思う基準が違いますよね。まずは習慣作りや基礎固めが大事といわれる理由はここにあるのではないかと思います。ただ、これは周りの影響も大きいため、レベルの高い学校や塾に入るのはいい効果があるとＳくんは話していました。こうした話を聞いて、同じ体育会系に所属する身として、自分も頑張らなくてはと奮い立ちました。

はろくま
東大理科一類から工学部都市工学科都市計画コースへ進学した東大女子。趣味はピアノ演奏とラジオの深夜放送を聴くこと。

このように、新しい出会いや、自分の将来を考えるきっかけにもなるアルバイト。学生の本分は学業であることは間違いありませんが、今回紹介したようにアルバイトにも様々なメリットがあるので、そこにやりがいを見つけるのもいいのではないでしょうか。

大学生はできることの幅が広い分、多様なことに挑戦できるチャンスも多いです。読者のみなさんには少し先の話にはなりますが、今後みなさんが大学生になったときは、ぜひ色々なことに挑戦してみてくださいね。

キャンパスデイズ 十人十色

好きな英語をしっかり学べる環境で 国際的な視野が身につく講義や活動に参加

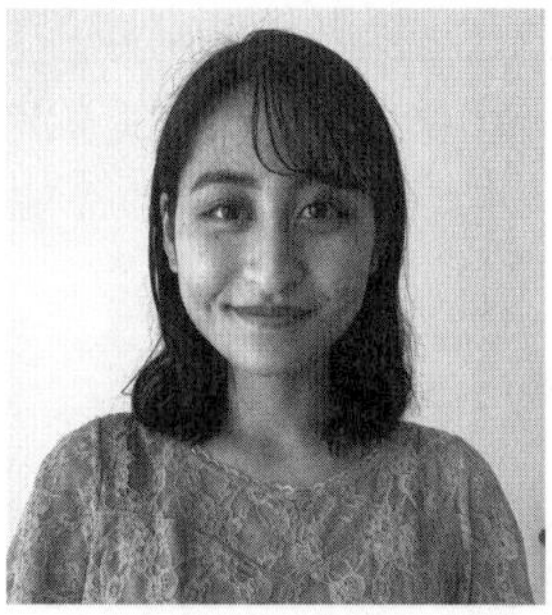

津田塾大学

学芸学部　4年生

近藤《こんどう》　未来《みく》さん

Q　津田塾大学の特徴はなんだと思いますか？

　国際系の学科を有することもあり、英語をしっかり学べる環境が整っていることです。1・2年生は英語4技能（読む、書く、話す、聞く）それぞれに対応する講義が週に1回ずつ、合計週に4回あり、それが2年間にわたって必修となっています。ほかの大学と比べてもかなり手厚く、英語に関する力は入学時よりも確実に伸びたなと感じます。

　また、女子大で規模が大きくない分、ほかの学生と顔を合わせる機会が多いので、課題や研究をいっしょに頑張る友だちが作りやすい環境です。東京都小平市という土地柄もあって落ち着いた雰囲気で、森のなかのような自然の多いキャンパスも魅力の1つです。

Q　学芸学部ではなにを学んでいますか？

　私が所属している学芸学部には「英語英文学科」「国際関係学科」「多文化・国際協力学科」「数学科」「情報科学科」という5つの科があり、私は「国際関係学科」に在籍しています。国際関係学とは、国と国とが相互に理解するための様々な考え方や姿勢を学ぶもので、グローバルな視野が身につく学問です。

　1年生では、国際関係学の基礎として国同士の関係性を歴史に沿って学んだり、論文の書き方などを練習したりします。2年生以降は専門性を深めるため、それぞれ興味がある分野を選んで受講します。私は国際経済を選択し、なかでも関心がある開発途上国の人々の暮らしを学ぶ講義などを受けていました。

　現在は卒業論文の執筆を始めており、海外に向けた日本の観光政策について、外国人への調査も含めて様々な角度から研究を進めていきたいと

考えています。

Q 印象に残っている講義はありますか？

3年生のときに受けた「日本研究」は、海外から見た日本の社会や文化についてイギリス人の先生から学ぶ講義で、自分がずっと暮らしてきた日本の新しい一面を知ることができて印象に残っています。

例えば、「日本人は集団主義（※）的なところがある」と海外から言われているという点について、自分ではあまり意識したことがありませんでしたが、中高の部活動などを振り返ると、確かに協調性を大切にしてきたなと気づきました。

こうした話題について色々と学んだあと、英語でディスカッションして考えを深めていきます。講義には留学生や帰国子女も出席していたため、多様な視点からの意見を尊重して、新たな価値観を取り入れていくという経験ができました。

ラオス訪問で実感したボランティア活動の意義

Q 講義以外で取り組んでいたことはありますか？

ラオスやバングラデシュの子どもたちに向けたボランティアを行う学生団体「STUDY FOR TWO」に所属しています。おもな活動としては、大学で中古の教科書を無料で譲ってもらい、それを半額で販売して得た売り上げを、NPO法人を通じて寄付し、教育支援にあてています。

活動のなかでもとくに心に残っているのは、2年生のときNPO法人が開催したツアーに参加し、ラオスを訪問したことです。ラオスでは、支援している学校を訪れて生徒といっしょに勉強したり、寄付金がどう役立っているかを生徒の家族に伺ったりしました。実際に子どもたちが学んでいる環境を見学したことで、日本での活動中も「あの子どもたちのために頑張るんだ」と顔が浮かんで、自分たちの活動が実になっていると確信を持てるようになりました。

活動を通して、同じ人間なのに生まれた場所が異なることでこれだけ環境が違うんだと痛感した一方、国境を越えても支えあえるということを学べました。先進国に住む身として、こうした支援は大切にしていきたいと思っています。

Q 読者にメッセージをお願いします。

中学生のうちは、様々なことに興味を持って、見聞を深めてほしいと思います。そのなかから、自分がどんなことにワクワクするのか、この先どんなことを続けていきたいのかを探し出してみてください。正解があるものではないので、自分自身に問い続けることが重要だと思います。

※個人よりも集団に価値をおく思想や、その傾向

TOPICS

英語で話す友人を作り学びのモチベーションに

中学生のころから英語が好きだったので、大学に入ってからも積極的に勉強を続けています。英語を学ぶには多くの方法がありますが、私にとっては、海外の方と気軽に交流できる「英会話カフェ」に行って友だちを作ったのが効果的でした。国際交流をすることで視野も広がりますし、もっと話したいと思うことが、英語学習の大きなモチベーションとなりました。

中高までは語《ご》彙《い》や文法などの知識をインプットする学習が中心となっていましたが、こうして英語でのアウトプットが必要な状況にあえて身をおくことで、英語を使っての会話が楽しめるようになりますし、積極性も身につくのでおすすめです。

親戚に会うため、家族旅行を兼ねてアメリカを訪れました

ラオスでは支援している子どもたちが通う学校に訪れ、勉強している様子などを見学

途上国への教育支援を行う学生団体「STUDY FOR TWO」で、年2回行われる合宿に参加しました

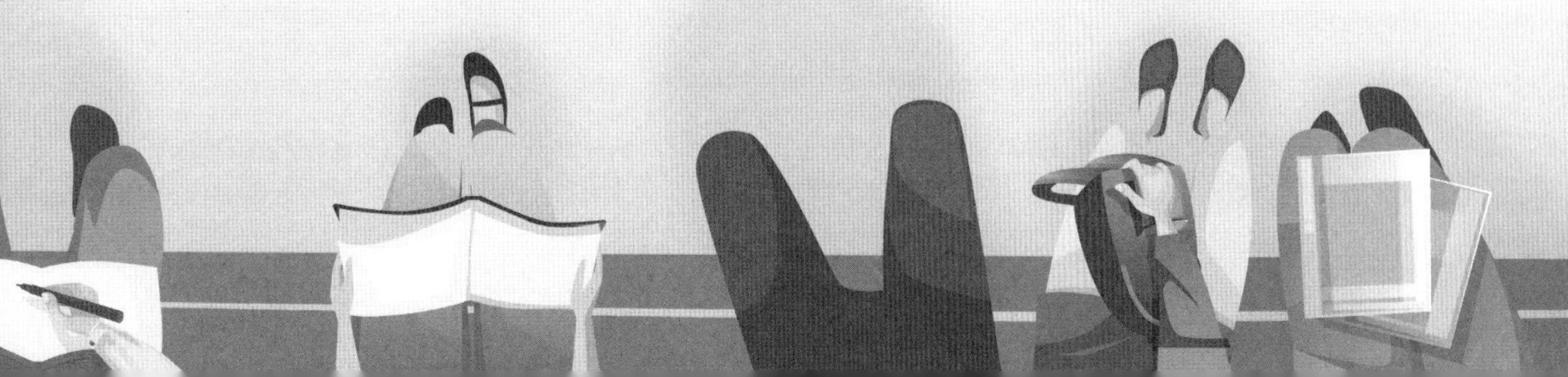

〈21世紀型教育を実現する4つのコース〉

ハイブリッドインターナショナルコース

ハイブリッドサイエンスコース（医歯薬理工）

ハイブリッド文理先進コース　**ハイブリッド文理コース**

工学院の21世紀型教育

PBL・PIL型アクティブラーニング➡課題解決型授業、双方向型授業の実践。

ICT➡電子黒板とWi-Fiの完備。ICTの授業活用。**BYOD➡**自分専用PCノートブック持参。

グローバル プロジェクト➡世界5地域から自分が向かう場所を選択、世界を変えに行く旅に出る。

探究論文➡1年生から2年生にかけて各自のテーマで「論文」を執筆。全員がプレゼンテーションを行う。

学校説明会 会場：本校（予約制）

第3回　9月19日（土）
第4回　10月17日（土）
第5回　11月14日（土）
第6回　11月22日（日）
第7回　11月28日（土）

※通常開催が難しい場合は、オンライン開催（バーチャル校舎案内等）に切りかえます。学校HPにてご確認ください。

夢工祭（文化祭）
個別相談・予約制

9月27日（日）　10:00～15:00

個別相談会（要予約）

12月　5日（土）

※少人数を1グループとした「学校見学会」を開催しています。学校HPにてご確認ください。

4つの駅よりスクールバ
新宿より無料シャトルバ

●新宿駅西口（工学院大学前）
●JR八王子駅南口
●京王線北野駅　●京王線南大沢
●JR・西武線拝島駅

工学院大学附属高等学校
HIGH SCHOOL OF KOGAKUIN UNIVERSITY
〒192-8622　東京都八王子市中野町2647-2
TEL　042-628-4911
FAX　042-623-1376
https://www.js.kogakuin.ac.jp/

今春の大学合格実績

■国公立大学・大学校(準大学)…17　東北大学・東京農工大学・電気通信大学3・千葉大学・東京学芸大学2・埼玉大学3・信州大学・山形大学・東京都立大学・長野大学・水産大学校・国立清水海上技術短期大学校

■早慶上理…8　早稲田大学・上智大学・東京理科大学6

■GMARCH…50　明治大学5・青山学院大学7・立教大学9・中央大学9・法政大学16・学習院大学4

■成成明武獨国…65　成城大学3・成蹊大学12・明治学院大学7・武蔵大学17・獨協大学15・國學院大學11

■日東駒専…134　日本大38・東洋大66・駒澤大12・専修大18

■医歯薬系(6年制)…17　日本大学[松戸歯]・明治薬科大学[薬]3・星薬科大学[薬]2・北里大学[薬]・武蔵野大学[薬]2 帝京大学[薬]・横浜薬科大学[薬]2・日本薬科大学[薬]3・城西大学[薬]・帝京平成大学[薬]

特別進学類型	東北大・千葉大・東京農工大・東京学芸大・電気通信大・埼玉大・東京都立大・東京理科大・明治大・立教大・法政大・立命館大　など 【大学現役合格率 **89.2%**　大学現役進学率 **84.3%**】
選抜進学類型	電気通信大・明治大・青山学院大・立教大・中央大・成蹊大・明治学院大・武蔵大・獨協大・國學院大・東京女子大・東京女子医科大・芝浦工大　など 【大学現役合格率 **93.7%**　大学現役進学率 **92.2%**】
普通進学類型	東京理科大・青山学院大・法政大・学習院大・成蹊大・明治学院大・武蔵大・獨協大・國學院大・日本大・東洋大・駒澤大・専修大・北里大・東京女子大・日本女子大・工学院大・東京電機大　など 【大学進学希望者の現役合格率 **95.5%**】 【大学進学希望者の現役進学率 **92.0%**】

学校説明会・個別相談

	① 校舎・施設見学	② 全体会開始
10月18日［日］	①14：30	②15：00
11月 7 日［土］	①14：30	②15：00
11月15日［日］	① 9：30	②10：00
11月22日［日］	①14：30	②15：00
11月28日［土］	①14：30	②15：00
12月12日［土］	①14：30	②15：00

●事前の申し込みは必要ありません。ご自由に参加して下さい。
●個別相談は全体会(約1時間)終了後、希望制で行います。
●個別相談は体験入学でも可能です。
●上履き、筆記用具をご持参下さい。
●お車での来校はご遠慮下さい。

●上記日程は諸般の事情で中止になる場合があります。
前日のホームページでご確認下さい。

●今年度は、個別の説明会や相談に応じます。
平日９時～１６時、土曜９時～１４時。
電話で予約して下さい。

●電話での質問や相談にも応じます。つながりにくい時もあるかもしれませんが、「入試担当を」と、お気軽に電話下さい。

TOSHIMA GAKUIN

学校法人 豊昭学園

豊島学院高等学校

併設/東京交通短期大学・昭和鉄道高等学校

〒170-0011 東京都豊島区池袋本町2-10-1
TEL.03-3988-5511(代表)
最寄駅：池袋／JR・西武池袋線・丸ノ内線・有楽町線 徒歩15分
副都心線 C6出口 徒歩12分
北池袋／東武東上線 徒歩7分
板橋区役所前／都営三田線 徒歩15分

スーパー特進類型　特別進学類型　選抜進学類型　普通進学類型

駒込高等学校

330余年変わらぬ教育理念 —— 一隅を照らす人間教育

理系先進コース

理系先進コースでは、世界の理数教育の主流である「STEM 教育」を基盤に、到来する AI 時代に即した「考える」授業を展開し、数学と理科の専門的な力を伸ばしていきます。
将来は難関国公立・私大の理系学部への進学を目指します。

国際教養コース

東京外国語大学・国際教養大学・国際基督教大学・早慶上智をはじめとする難関・有名大の国際教養・国際関係・外国語学部への進学を目標にしたコースです。また、海外の大学進学を志す生徒にも対応できるコースでもあります。

S(特S)コース

東京大学や京都大学といった最難関国公立大学に加え、国際教養・理系先進コースの生徒たちが志すどちらの進路にも、Sコースの生徒たちはチャレンジすることができます。高2からの3つの専科コース、そして志望大学の難易度に合わせた多くの対策演習で生徒をバックアップします。

学校説明会

「校内説明会」「オンライン説明会」ともにHPよりお申込みください。

10月17日(土)14:30～
3つのコースの卒業生体験談

11月14日(土)14:30～
受験生必見! 過去問解説

12月 5日(土)14:30～
入試直前対策!

校内個別相談会

HPよりお申込みください。

10月24日(土)・11月7日(土)・22日(日)・28日(土) 9:00～15:00

11月14日(土)・12月5日(土) 9:00～11:00

「オンライン個別相談」※オンラインでの個別相談は随時承ります。HPよりお申込みください。

※新型コロナウイルス感染症に関わる状況を踏まえ、今後、延期または中止とする場合があります。
※各回「密」をさけるために人数制限をします。予めご了承ください。

〒113-0022　東京都文京区千駄木5-6-25

駒込学園　検索

Tel 03-3828-4141　Fax 03-3822-6833　https://www.komagome.ed.jp

■東京メトロ南北線「本駒込」駅下車 徒歩5分・東京メトロ千代田線「千駄木」駅下車 徒歩7分
■都営三田線「白山」駅下車 徒歩7分　■都営バス(草63)「駒込千駄木町」(駒込学園前)下車

ちょっと得する

読むサプリメント

ここからは、勉強に疲れた脳に、ちょっとひと休みしてもらうサプリメントのページです。
勉強の合間にリラックスして読んでください。
もしかすると時事問題や、数学・理科の考え方で、ヒントになるかもしれません。

耳より ツブより 情報とどきたて

はやぶさ２が帰ってくる

リュウグウにアタックするはやぶさ２（想像図 提供/©JAXA）

文部科学省は小惑星探査機「はやぶさ２」が、今年12月６日、地球近くに帰還し、小惑星リュウグウで採取した試料が入っているとみられるカプセルをオーストラリア南部の砂漠地帯に投下すると発表しました。

2014年12月３日に打ち上げられたはやぶさ２は、2018年に目的とした小惑星リュウグウに到着。約１年５カ月にわたる探査を終えて、地球への帰途についています。

リュウグウの探査のうち、最も注目されたのは２度の着地時に砂や石を採取できたとみられることで、オーストラリアの砂漠に投下されるカプセルに、その試料が入れられているのです。

その旅はまだまだ続く

はやぶさ２のミッションが、初代はやぶさと大きく違うのは、その旅が地球帰還で終わらないことです。初代はやぶさも、苦労を重ねて小惑星イトカワから試料を持ち帰りましたが、カプセルを投下するのと同時に機体も地球の大気圏に突入、燃え尽きてその一生を終えました。

はやぶさ２は、初代の苦闘の記録を活かした改善が加えられて、地球に戻るまでの総飛行距離52億km以上の間には大きな故障もなく機体は健在。

主力エンジンが使う燃料も半分程度は残せる見込みで、地球にあいさつするようにかすめたあと、別の小惑星の探査をめざすことになったのです。

めざす小惑星の候補は、最終的に「2001 AV43」（直径約40m）と「1998 KY26」（同30m）の２つまで絞り込まれ、このどちらかになります。

２つともとても小さな天体で、自転周期10分という非常に速い自転速度により、高速自転小惑星（Fast Rotator）と呼ばれています。未だかつて人類が到達したことのない特徴の天体で、観測に成功すれば、その特徴とリュウグウとの比較観測により、リュウグウで得られた科学的知見がより深められるものと期待されます。

どちらに行くにしても、いずれも10年程度を費やす大旅行で、探査機の設計寿命を超える運用のため、地球には戻れない計算です。たどりつければ特殊なカメラによる撮影などで小惑星の形状やどんな物質でできているかを調べます。

The most Advanced Sciences Navigation 010

マナビー先生の

最先端科学ナビ

FILE No.010

ミラーレスカメラ

画期的な発明だった一眼レフカメラの登場

「ミラーレスカメラ」というカメラがあるんだけど、その名前は知っているかな。鏡のないカメラという意味だっていうのはわかるけど、そもそも「鏡のあるカメラ」ってなんだろう？

スポーツの大会ではカメラマンがずらっと並んで、大きくて長いレンズをつけたカメラでシャッターチャンスを追いかけている。そんなプロのカメラマンが使っているカメラのほとんどは、じつは鏡がついているカメラなんだ。そうした鏡がついたカメラを「一眼レフカメラ」というよ。

昔のカメラは、レンズを通した光景を光の束としてフィルムに焼きつけていた。でも、カメラマンがのぞき込んでいるファインダーは別の穴からのぞいているようなものだから、少しずれた別の光景が写真になっていたんだ。

いまはデジタル化されたからフィルムではなくて、レンズからの光をイメージセンサーという光学部品で感じ取って撮影しているんだけど、ファインダーを通して見たままの光景とは、やっぱりちょっと違って写ってしまう。カメラマンはみんな、ファインダーで見たままの写真が撮れるカメラを、ずっとほしいと思っていた。とくに望遠レンズを使うときには、そのずれが大きいのでカメラマンたちはなかなか満足しなかった。

そこで考え出されたのが一眼レフカメラだ。

フィルムのすぐ手前に、鏡を45度の角度で置き、プリズムで光を折り曲げてファインダーで見られるようにしておく【図1】。そしてシャッターを押す瞬間、鏡を跳ね上げて、鏡の後方に隠れていたフィルムの方に光を送る方法が考え出された。これが一眼レフカメラだ。鏡のあるカメラを使って光を曲げて使うなんて、まさに画期的だった。

小さくて軽く機動性も抜群ミラーレスカメラが人気に

いま、この一眼レフカメラのフィルムがイメージセンサーに代わり、また、ミラーレスカメラにとって代わられようとしている。ミラーを使わないために、小さくて軽いカメラを作ることができるようになり、使いやすさが増したことが人気の要因だ。

ミラーを動かす部分やファインダーまで光を送る部分の構造がなくなったことも大きい。動く部分がなくなったことで耐久性が増し、シャッター音も小さくなった。

では、人がのぞくファインダーの光景はどうやって作っているんだろう。一眼レフで慣れてしまっているから、昔のような、別の光からのずれのある光景ではカメラファンは納

マナビー先生

大学を卒業後、海外で研究者として働いていたが、和食が恋しくなり帰国。しかし科学に関する本を読んでいると食事をすることすら忘れてしまうという、自他ともに認める“科学オタク”。

カメラファンの悩み解決で人気に

得しないよね。

自動焦点や手ブレ防止機能でミラーレスは進歩の立役者に

　そこでEVF（Electronic View Finder）というファインダーの登場だ。これは電子ビューファインダーとも呼ばれている。よくカメラの背面に液晶モニターがついているカメラがあるよね。あれはレンズがイメージセンサーでとらえた光景を映し出しているんだけど、それと同じ情報を共有し、目でのぞけるぐらいに小さくしてファインダーに取りつけたのがEVFだ。背面の液晶モニター同様、イメージセンサーがとらえた映像と同じものだから、一眼レフのファインダーを目でのぞいたときと同じ光景が撮影できる【図2】。

　ミラーレスカメラができた当初はこのEVFの性能があまり高くなかったことから一眼レフカメラを愛用していた人たちの要望に応えることはできず、すぐには人気が上がらなかった。でも、いまでは改良が進み解像度も上がって、レンズを通して見た光景と変わらない映像を見ることができるようになった。しかも暗いときには少し明るくして見ちゃおう、なんて芸当もできる。

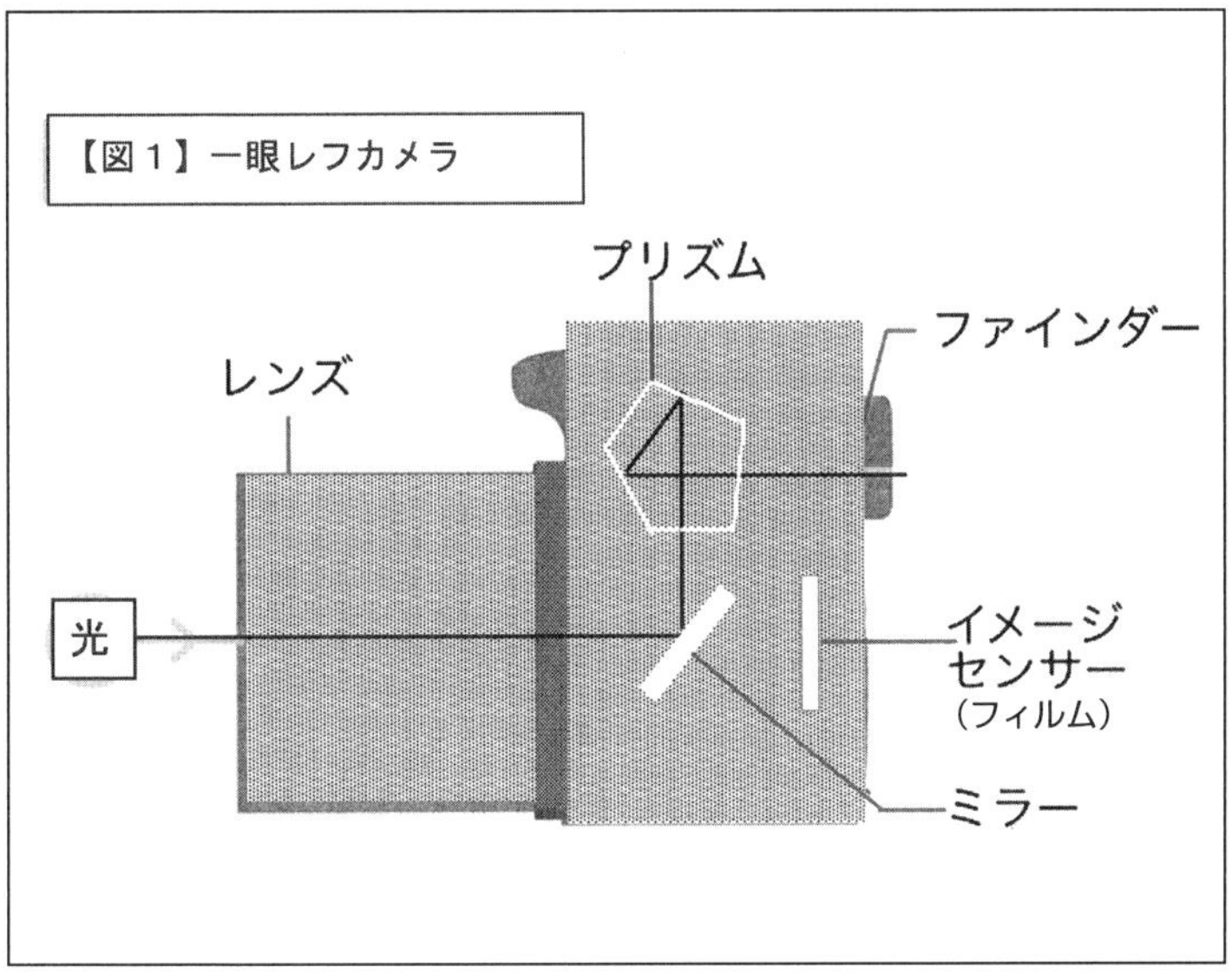

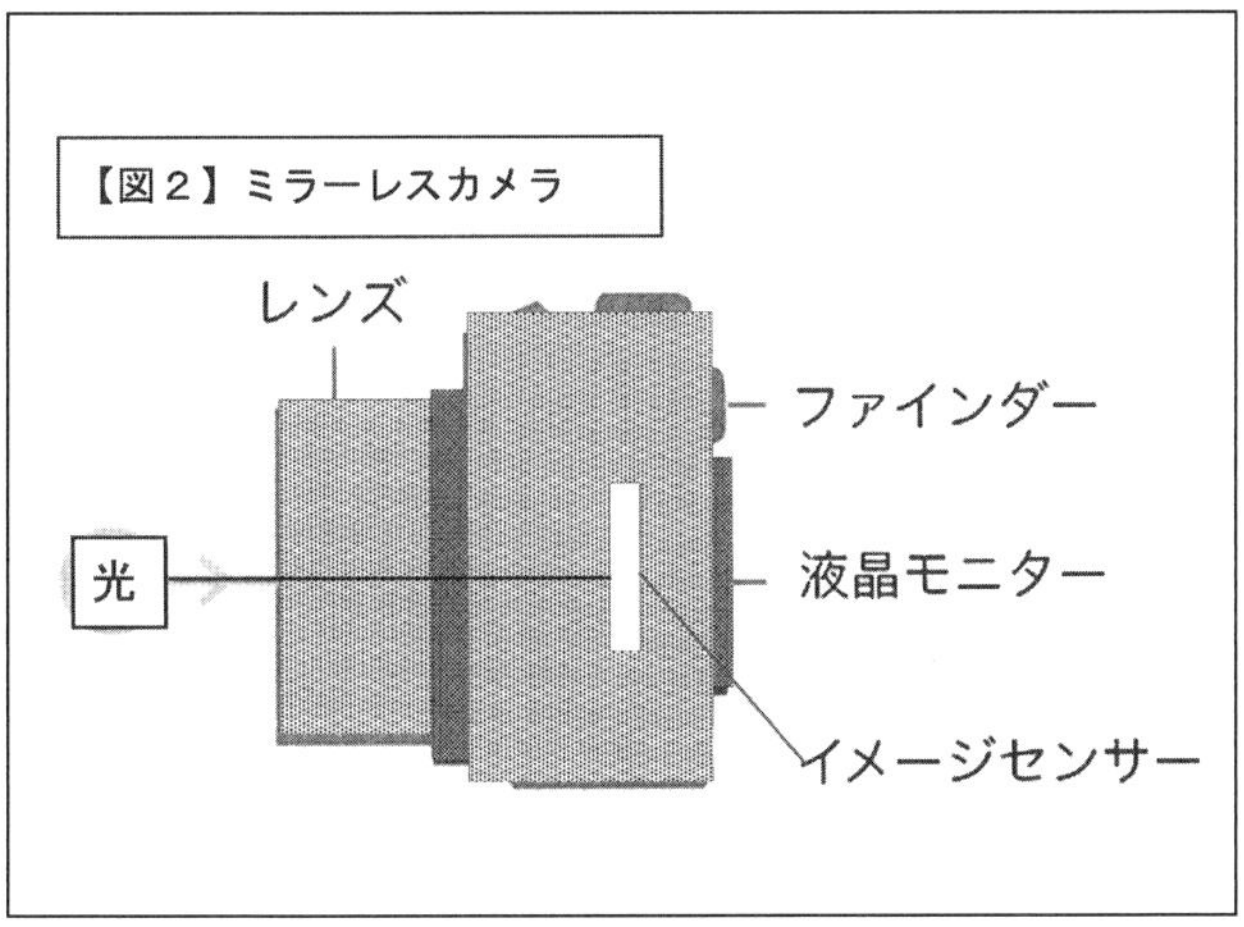

【模式図】一眼レフカメラとミラーレスカメラ

　オートフォーカス（自動焦点）の技術の伸びもすごいし、いまではシャッター音がしないカメラもできている。動きの速いスポーツや、音が入ってしまうと困る舞台撮影のときなど、とても便利だ。

　もう1つ、カメラで撮るときどうしても「手ブレ」というやっかいな問題があった。シャッターを切るときの指の動きなどでカメラが動いてしまうんだね。

　技術者たちは、カメラのなかにあるセンサー自体を動かしてカメラのブレを抑える仕組みを作ってしまった。訓練を積んだカメラマンはシャッターを押すときのカメラのブレを小さくする技術を持っているけれど、そんなカメラマンでもスローシャッターを使うときには三脚を使ってカメラを固定しなければならなかった。発明されたブレ防止機能で、訓練された人でなくても手持ち撮影の利便性は大いに高まったというわけだ。人気が出るわけだね。

　写真はスマートフォンがあればいいと思っている人も多いけれど、まだまだカメラは進化し続けているよ。

Why? What!

なぜなに科学実験室

「えええっ、どうして?」「あれれ、なんでこうなるの?」……。頭ではわかっているつもりの現象でも、実験してみると、さらに驚かされたなんてことありますよね。

ここは、そんな不思議なことをみんなに体験してもらう「なぜなに科学実験室」です。

今回のテーマは「静電気」。

静電気と聞くと、冬に毛糸のセーターを脱ぐときパチパチと音がしたり、ドアノブでビリッときたり、あまりいい印象を持っていないかもしれないけれど、じつは、身の回りでは色々なものに利用されて活躍しているんです。

今回は、解説のページで、そんな活躍ぶりの話もしてもらいます。静電気のしくみを探る実験は、この部屋の案内役「ワンコ先生」にお願いしました。ではさっそく、実験を始めましょう。

鉄棒が上手な紙のピエロ

はい。「なぜなに科学実験室」の案内役をやっている「ワンコ先生」だよ。

今回の実験ではティッシュペーパーで作ったピエロに、鉄棒に見立てたストローを近づけると、ピエロが立ち上がって上手にけんすい運動などをして見せてくれるよ。

秋になり、これからは空気が乾燥してくるので静電気が発生しやすい。おすすめの実験だね。

ワンコ先生

1 用意するもの

- ❶ ティッシュペーパー
- ❷ 鉛筆、ボールペンなど
- ❸ はさみ
- ❹ のり
- ❺ ストロー
- ❻ 厚紙
- ❼ 雑紙（コピー用紙など）

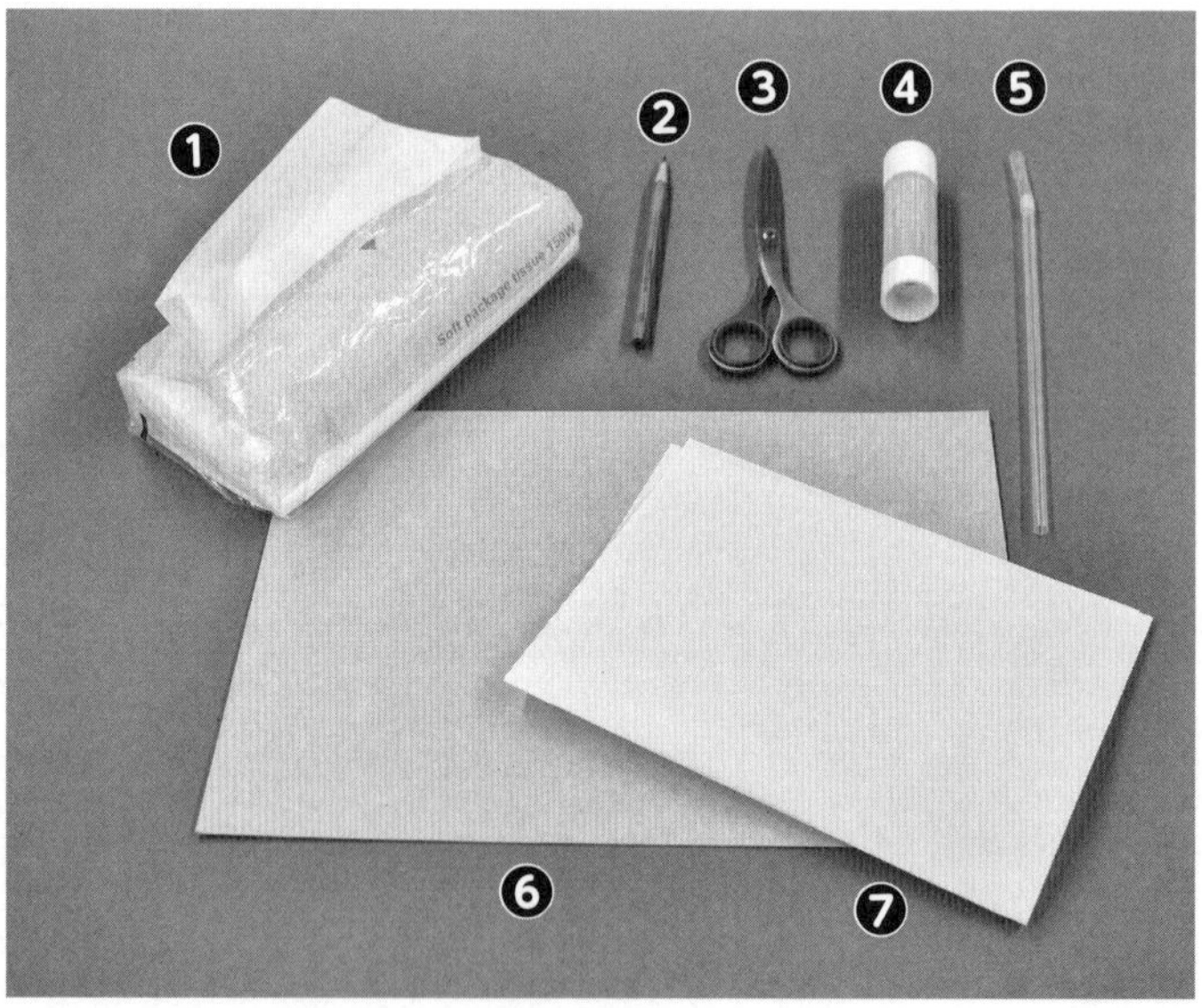

2 ティッシュを１枚にする

ティッシュペーパーは薄い紙２枚でできています。そっと開いて１枚にします。

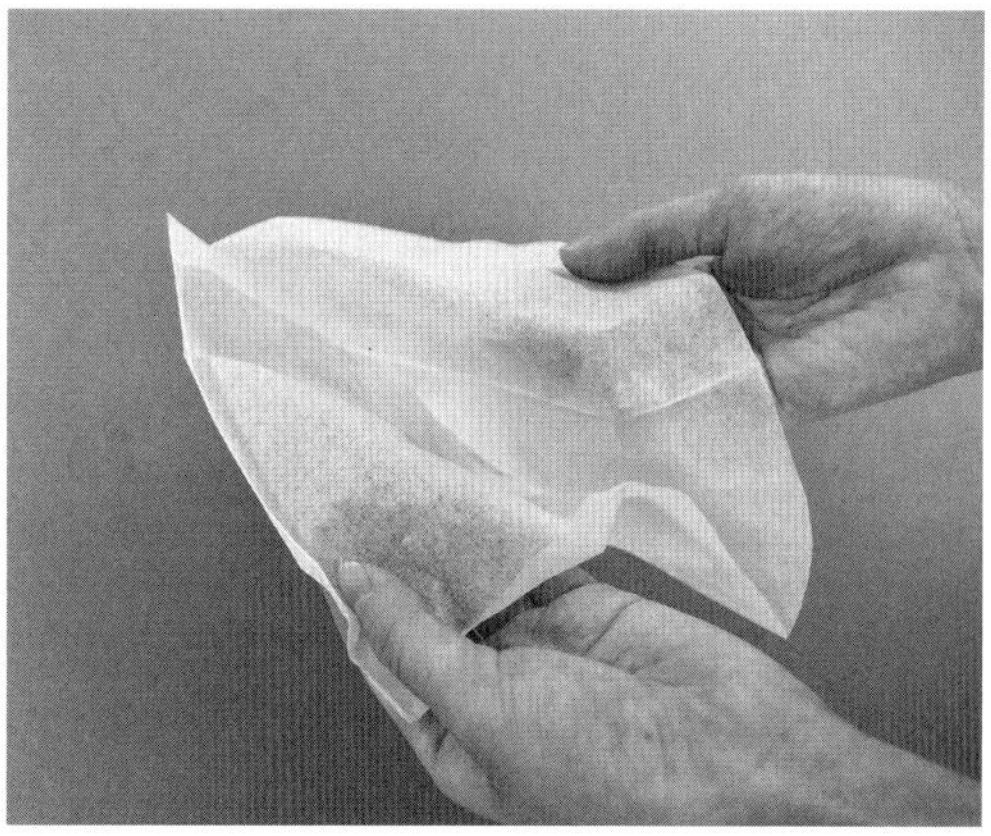

3 紙にピエロの絵を描く

コピー用紙などにピエロの絵を描きます。ティッシュで作るので簡単な形にします。

4 ティッシュを重ねて切り取る

薄いティッシュが破れないよう、描いた絵柄の外側をのりづけし、ピエロの形を切り出します。

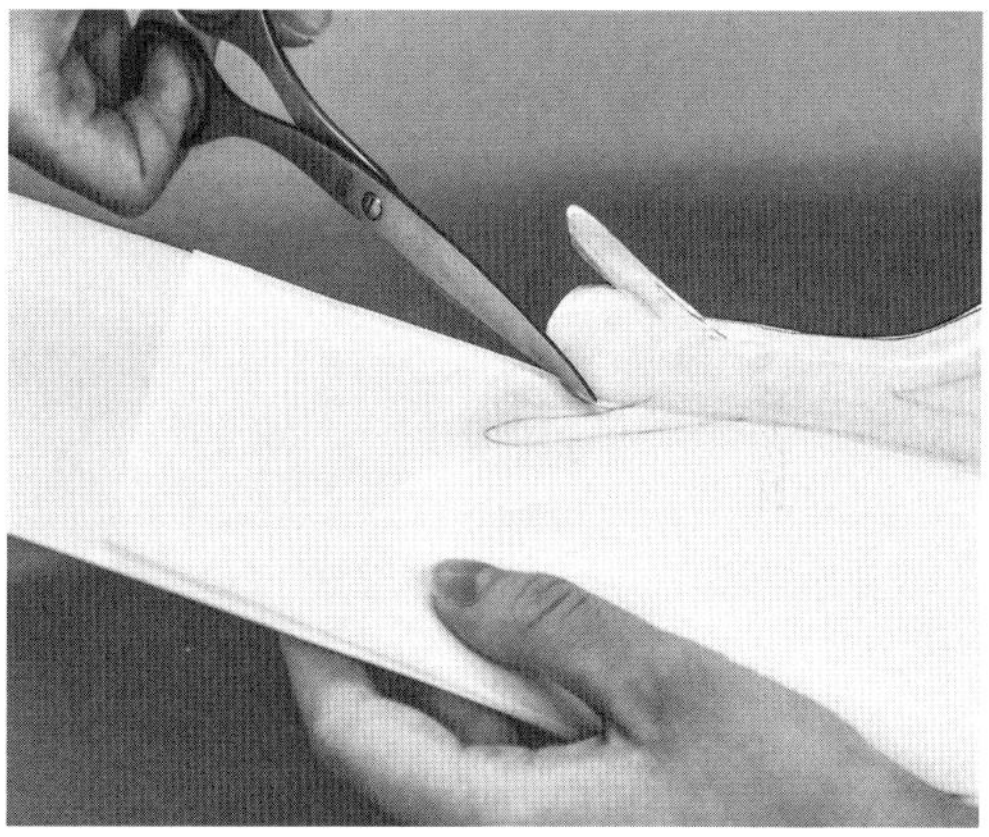

5 ピエロに目を描き入れる

切り取ったティッシュのピエロに目を描き入れて顔を作ります。

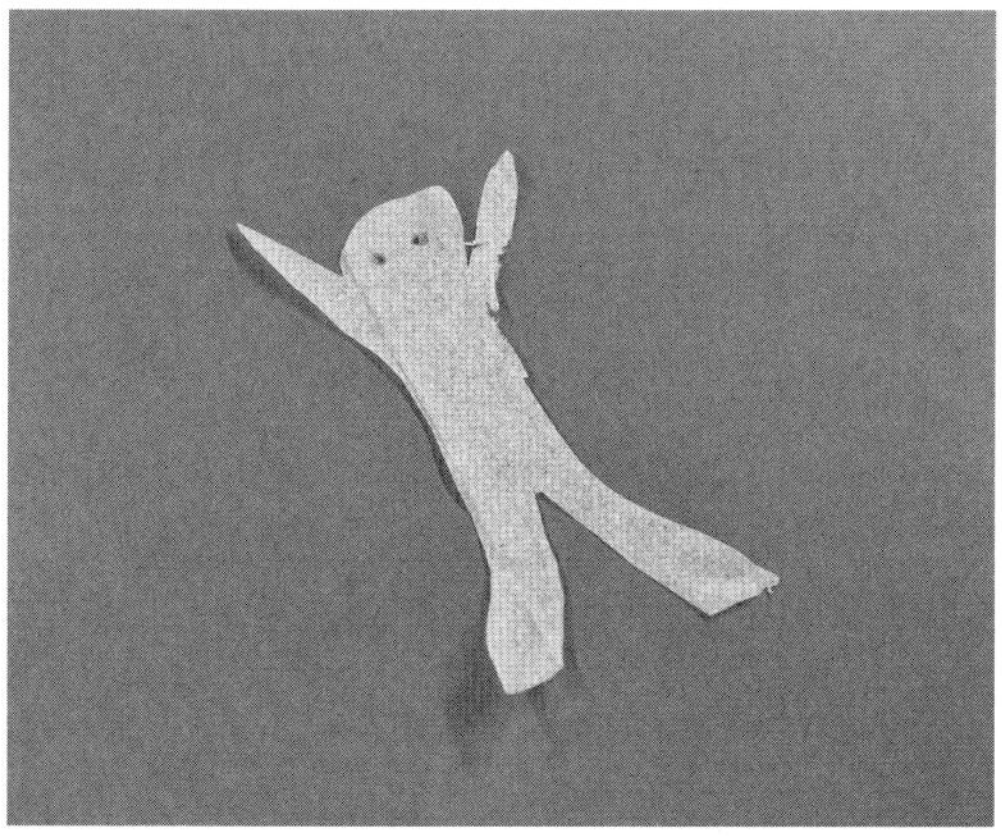

6 ストローをティッシュで何度もこする

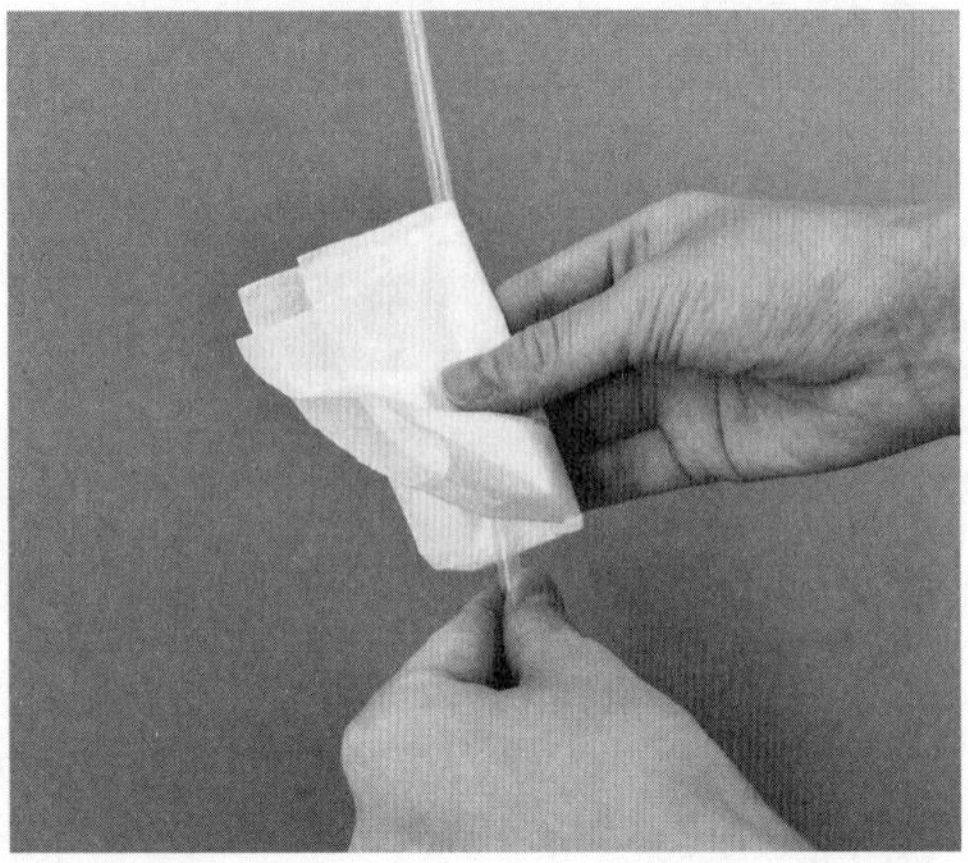

ティッシュペーパーでストローを何度もこすっておきます。このストローはピエロが遊ぶ鉄棒になります。

7 ピエロにストローを近づける

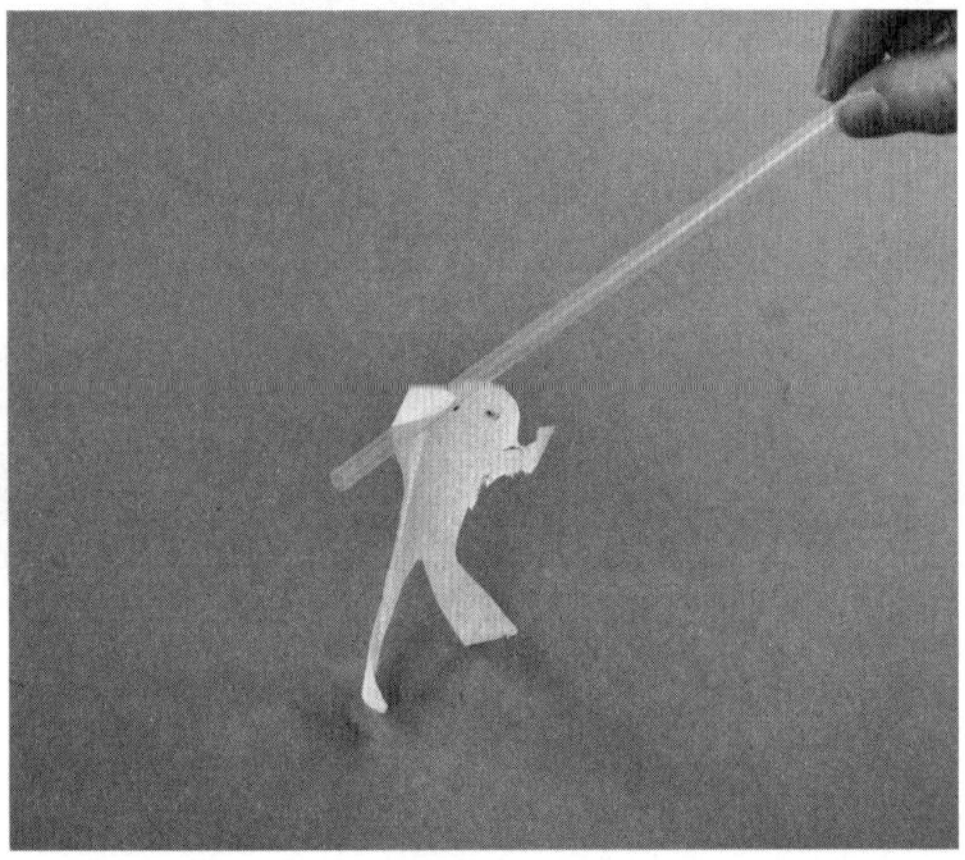

乾いた厚紙の上に置いたピエロに、鉄棒に見立てたストローを近づけると、ピエロが鉄棒に飛びついてきます。

8 鉄棒で上手に遊ぶピエロ

ピエロが鉄棒（ストロー）でけんすい運動の動きをしたり上手に遊び始めます。ストローを動かしてみましょう。

解説 身近な不思議「静電気」

静電気は、こすりあわせるなど、摩擦を起こすことで生じる電気のことです。ですから「摩擦電気」などという言い方をする国もあります。

今回の方法で静電気を発生させたストローはどんなモノにもくっつきます。これはどんなモノにも電気があるから起こる現象だともいえます。

こすっていないときには静電気は起きません。

そのモノにある電気の「+」と「−」の電子バランスが保たれているからです。それをこすりあわせることによって「+」と「−」電子のバランスが崩れ静電気が生じます。

「+」と「−」電子にはくっつきあう性質があるので、静電気を発生させたストロー（この場合は「−」）を近づけると、ティッシュペーパー（この場合は「+」）が反応してくっつこうとして浮き上がり、鉄棒で遊ぶようにストローにくっつきます。

身の回りで様々に活躍している静電気

モノをこすりあわせることで、「+」と「−」のバランスが崩れるということは、片方のモノに「+」電子が移って「+」が多くなり、もう片方は電子が失われて「−」になっている状態です。このアンバランスな状態を「帯電」といい、これが静電気の正体です。

帯電しているモノは、なるべく早く元の状態に戻ろうとして、再びくっつきあおうとするわけです。

みなさんの身の回りには、故意にこの帯電の状態を作り出し、静電気によって作業をさせようとしている機械もあります。

代表的な活用例が、コピー機です。コピー機には、感光ドラムという筒がついていて、その筒に光をあてて、色をつけたい部分だけ帯電させます。そこに逆の電気を帯びたトナー（色インキの粉）を吹きつけコピー用紙に転写しているのです。

ところでみなさんはこの12月に小惑星リュウグウを探査した「はやぶさ2」が地球に帰還するのを知っているでしょうか（79ページ参照）。はやぶさ2を何年にもわたって飛行させているのが「イオンエンジン」です。このイオンエンジンの推進剤はキセノンという気体ですが、はやぶさ2の機体のなかにある放電室で、このキセノンにマイクロ波をあててプラスに帯電させ、キセノンイオンに変えることで長期間にわたって推進剤として利用することができるようにしているのです。

マイクロ波というのも、電子レンジで使われる波長の短い電波のことで、みなさんには身近なものです。

私たちは、知らないうちに「科学の芽」に触れています。好奇心さえ持っていれば、科学の方から近づいてきてくれますよ。

動画はこちら▶

鉄棒に見立てたストローでピエロが上手に遊ぶ様子をこちらでご覧ください。

ミステリーハンターQのタイムスリップ歴史塾

渋沢栄一

2024年、1万円札の「顔」が福澤諭吉から渋沢栄一に変わる。日本の近代産業の発展に貢献した渋沢栄一の生涯をみてみよう。

勇　渋沢栄一《しぶさわえいいち》が新しい1万円札の肖像になるんだってね。

MQ　2024年度上半期に発行される紙幣に登場することになっているね。

静　来年度のNHKの大河ドラマの主人公も渋沢栄一なんだって。いったい、どんな人なの？

MQ　1840年、渋沢はいまの埼玉県深谷市で豪農の家に生まれた。この年、中国ではアヘン戦争が起こり、1853年にはペリー率いるアメリカの黒船が日本に来航して、世は幕末に入っていく。

勇　こうした時代の動きは渋沢にも影響があったの？

MQ　彼は21歳のときに江戸に出て、尊王攘夷の志士たちと交友した。自身も攘夷思想に染まり、一時は倒幕運動に走ったんだ。でも親戚の説得があり、友人のすすめもあって、徳川《とくがわ》（一橋《ひとつばし》）慶喜《よしのぶ》に仕えることになったんだ。

静　慶喜はその後、将軍になるのよね。

MQ　1867年には、将軍の名代としてパリ万博に行く慶喜の弟、徳川昭武《あきたけ》の随員として1年あまり外遊したんだ。

勇　日本では同じ年に大政奉還が行われて、江戸幕府はなくなったよね。

MQ　明治維新により帰国した渋沢は大蔵省に勤め、国立銀行条例制定などに携わったが上司と対立し1873年に退職。実業家へ転身し第一国立銀行（現・みずほ銀行）の頭取となった。以後、多くの企業の設立にかかわっていく。

静　どんな企業があるの？

MQ　現在の東京ガス、東京海上日動火災保険、サッポロホールディングス、キリンホールディングス、東急、京阪電気鉄道、秩父鉄道、東洋紡など、様々な分野におよぶよ。

勇　日本の近代産業の生みの親という感じだね。

MQ　渋沢は1916年に実業界を引退。東京慈恵会、日本赤十字社などの設立にもかかわり、社会運動にも貢献したんだ。教育問題にも熱心で、現在の一橋大学、東京経済大学、国士舘大学、日本女子大学などの設立にも関係したんだ。

静　渋沢の考え方の基本はなんだったの？

MQ　彼の著書である『論語と算《そろ》盤《ばん》』では、「道徳経済合一論」を展開している。これは、経済は単なる金もうけではなく、富は社会に還元して、人々の生活を支えることが重要だとしている。また、利益をあげるために、不道徳的なことをしてはならないとしているんだ。1931年に91歳で亡くなった。

ミステリーハンターQ（略してMQ）

米テキサス州出身。某有名エジプト学者の弟子。1980年代より気鋭の考古学者として注目されつつあるが本名はだれも知らない。日本の歴史について探る画期的な著書『歴史を堀る』の発刊準備を進めている。

山本 勇

中学3年生。幼稚園のころにテレビの大河ドラマを見て、歴史にはまる。将来は大河ドラマに出たいと思っている。あこがれは織田信長。最近のマイブームは仏像鑑賞。好きな芸能人はみうらじゅん。

春日 静

中学1年生。カバンのなかにはつねに、読みかけの歴史小説が入っている根っからの歴女。あこがれは坂本龍馬。特技は年号の暗記のための語呂合わせを作ること。好きな芸能人は福山雅治。

香港国家安全維持法に反対するデモで、スローガンを叫ぶ市民ら(2020年7月1日撮影・中国香港) 写真：AFP＝時事

PICK UP NEWS
ピックアップニュース！

今回のテーマ

一国二制度

中国が香港《ホンコン》に国家安全維持法を制定したことから、香港の「一国二制度《いっこくにせいど》」が揺らいでいるといわれています。

一国二制度とは、同一の国家内において、地域を限定して異なる法律や経済、社会体制、さらには自治を認めるというものです。現在は中国とかつてイギリス領であった香港、同じくポルトガル領であったマカオが該当します。歴史的には、戦前の日本と、日本が統治していた朝鮮半島や台湾も、選挙制度や税制、徴兵などの制度が異なっていたため、広い意味で一国二制度ということもできます。

現在、問題になっている香港は広さ約1100km^2、人口約700万人の香港島と九龍《クーロン》半島からなる行政区域ですが、清国とイギリスの間で戦われたアヘン戦争の結果、1842年に無期限で清国からイギリスに割譲されました。

第二次世界大戦後、世界各地の植民地が独立するなかで、1949年に成立した中華人民共和国は、香港の返還を求め、交渉の結果、1997年に返還されました。しかし、中国は共産主義体制をとっており、香港はイギリスの統治下で自由主義経済体制をとり、言論の自由なども認められていたことから、返還から50年は一国二制度を順守することが条件とされました。

ところが2013年に習近平《しゅうきんぺい》氏が中国の国家主席に就任してからは、香港への圧力が強まり、中国の政策への反対を厳しく取り締まる姿勢をみせてきました。こうしたことに香港市民が反発、2014年には雨傘革命（パラソル革命）といわれる、大規模な反政府デモが起こりました。これに対して、中国政府の意向を受けた香港政府は厳しく対処し、民主派と激しく対立してきました。中国は民主派を封じ込めるために7月から国家安全維持法を施行したのです。

香港政府は同法に反対する人の立法会（議会）議員選挙への立候補を認めない、などとしているため、一国二制度は崩壊した、とする意見もあります。同法による逮捕者も出ており、欧米諸国も、国際金融センターとして香港に認めてきた様々な特典を取り消したり、見直したりする動きがあります。一国二制度による香港の民主主義は風前の灯火《ともしび》といえるかもしれません。

ジャーナリスト **大野 敏明**
（元大学講師・元産経新聞編集委員）

そうだったのか！

中学生のための経済学

山本謙三
オフィス金融経済イニシアティブ代表、１９７６年東京大学教養学部卒、前ＮＴＴデータ経営研究所取締役会長、元日本銀行理事。

「経済学」って聞くとみんなは、なにか堅〜いお話が始まるように感じるかもしれないけれど、現代社会の仕組みを知るには、「経済」を見る目を持っておくことは欠かせない素養です。そこで経済コラムニストの山本謙三さんに身近な「経済学」について、わかりやすくお話しいただくことにしました。今回はGDP（国内総生産）についてのお話です。

©metamorworks / PIXTA

GDPってなんのこと？

みなさんも、「ＧＤＰ（Gross Domestic Product）」という言葉を耳にしたことがあるでしょう。ＧＤＰとは国内総生産のことで、「1年間に国内で生産された【財、サービスの付加価値の総額】」をいいます。つまり、国内の企業が生産活動を通じて新たに生み出した価値（＝付加価値）の合計額です。国の経済規模や景気動向を知るうえで、最も基本となる指標です。

ここでは企業Ａが海外から小麦を３０００万円で輸入し、小麦粉に加工して、企業Ｂに５０００万円で売ったとしましょう。さらに企業Ｂはパンやお菓子を作り、９０００万円で市場に売ったと仮定します。この場合、企業Ａが生み出した付加価値は、売り上げから仕入れを差し引いた２０００万円、同様に、企業Ｂが生み出した付加価値は４０００万円です。したがって、一連の生産活動からは総額６０００万円の付加価値が生まれたこととなり、これがＧＤＰに組み込まれます。以上を国内総生産（生産側）と呼びます。

日本のＧＤＰは、内閣府のＨＰ「統計情報・調査結果→国民経済計算（ＧＤＰ統計）」で確認できます。国内総生産の統計には、右記の生産側のほかに、分配側と支出側があります。分配側とは、生み出した付加価値をだれにどう分配したかを示すもので、内訳には従業員への賃金や政府へ納める税などがあります。支出側とは、生産された財やサービスを、だれがどのように使ったかを示すもので、個人消費（＝民間最終消費支出）や住宅投資、設備投資、輸出入などの内訳があります。

世界3位だけれど…

生産側、分配側、支出側の３つは、同じ日本経済を異なる切り口から見たものなので、理屈としては総額は一致するはずです。このため、四半期ＧＤＰのように、結果を早く知りたい統計は、データの得られやすい支出側の内訳を積み上げて、作成されています。

２０１９年度の日本の（名目）ＧＤＰは、約５５２兆円。アメリカ、中国に次ぐ世界３位の規模ですが、これには人口の多さも寄与しています。総人口で割った国民１人当たりの（名目）ＧＤＰは約４３４万円（２０１８年度）と、世界で20位台なかばの水準です。

一方、景気の動向を見る場合は、おもに実質ＧＤＰを用います。実質ＧＤＰとは、名目ＧＤＰから物価の変動分を割り引いて計算したもので、生産の実態をより的確に把握できます。その伸び率は実質経済成長率と呼ばれ、景気判断の基礎となります。

日本の実質経済成長率は、１９６０年代には年10％前後ありましたがいまは年1％弱まで低下しています。経済の成熟や働き手となる年齢層の人口減少が影響しています。しかし、経済成長は人口の増減だけで決まるものではなく、技術進歩も原動力の１つです。これからの日本には、技術進歩を積極的に取り込み、成長を維持する努力が欠かせません。

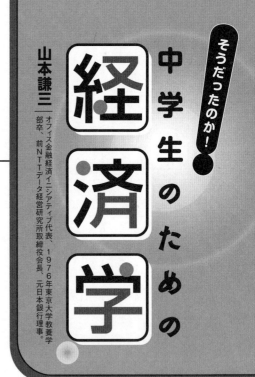

思わずだれかに話したくなる

名字の豆知識

第13回

今回は

吉田

吉田ってどんな「田」？

11位の名字は「吉田」日本全国に広く分布

「吉田」は日本で11番目、全国に約82万８８００人と推定されます（新人物往来社『別冊歴史読本　日本の名字ベスト１００００』より）。都道府県別では富山、福井、奈良、徳島で3位、石川、大阪で4位、京都で5位、福岡で6位、北海道、長崎で7位、福島、群馬、兵庫で8位、9位はなく、茨城、東京、和歌山、佐賀、熊本が10位です。全国的にかたよりがみられません。

では、「吉田」という地名はどうでしょうか。山梨県には富士吉田市があります。１９５１年に下吉田町、富士上吉田町、明見町が合併して富士吉田市になったのです。自治体としての吉田町は静岡県と島根県に存在します。福井県には吉田郡があります。これ以外にも大字や小字の「吉田」のつく地名は全国に分布します。

京都市左京区には吉田という地名があります。旧制第三高等学校寮歌「逍遥《しょうよう》の歌」の歌詞、「月こそかかれ吉田山」の吉田山があり、吉田神社があります。神職は吉田氏が務めました。吉田氏はもと、卜部《うらべ》氏といい、かの吉田兼《よしだけん》好《こう》を出した家です。本来は文字通り、吉凶を占う卜占《ぼくせん》家で、吉田神社の宮司であったことから名字が「吉田」に変わりました。吉田神社は藤原氏の氏神《うじがみ》ですが、吉田氏は藤原氏ではありません。藤原氏と同じ祖先、中臣《なかとみ》氏から出た大中《おおなか》臣《とみ》氏の裔《すえ》とされています。

「吉田」とは葦の田んぼだった？

全国的に分布している「吉田」ですが、なぜこんなに多いのでしょうか。そもそも、「吉田」とはいったい、どんな意味なのでしょうか。

７１３年、元明《げんめい》天皇は「畿内七道《きないしちどう》諸国の郡郷には好字を用いよ」と詔《みことのり》を発しました。それまでの地名の多くには万葉仮名が使われていましたが、それを縁起のいい漢字2文字で表そうというのです。また、平安中期に編纂《へんさん》された『延《えん》喜式《ぎしき》』には「諸国の郷里の名は二字とし、必ず嘉名《かめい》をとれ」（二字嘉名の詔）として、2字であることを厳命しています。「无《む》邪《さ》志《し》」などと書かれた国名を「武蔵」と表記するようになるのは、この詔を受けてのことです。

「よした」はおそらく、葦《あし》の多く生えている田のことだと思われます。「葦」は「悪し」につながることから、「よし」と読み替えるようになります。「スルメ」の「スル」が縁起が悪いので、「アタリメ」というようなものです。「すりばち」も「あたりばち」といいますよね。

ということで、葦の多く生えている田んぼは「よした」「よしだ」と呼ばれるようになり、万葉仮名で「与志田」などと書かれたと推測されます。そこに元明天皇の詔が出て、縁起のいい「吉」の字を使って2字で「吉田」と書かれるようになったのだと思われます。また、豊作を祈って命名したであろうことは想像に難くありません。こうして全国に「吉田」が誕生することになり、そこに住んだ人々が「吉田」を名乗るようになったと考えることができます。

京都市左京区の吉田は平安時代初期から、その地名がみえます。ここも詔に従って「吉田」となったのでしょう。

「吉田」というと吉田茂《よしだしげる》首相が思い浮かびます。彼の元の名字は竹内でした。自由民権運動家で政治家の竹内綱《たけうちつな》の5男だったのですが、生まれて間もなく吉田家に養子に出されました。

本来の葦(芦)が生えていた田をそのまま「葦田」「芦田」という地名にしたところもあり、また、人名にも「葦田」「芦田」があります。

1948年、昭和電工疑獄事件で、芦田均《あしだひとし》内閣が総辞職し、次に第2次吉田内閣が組閣したのは偶然とはいえ、「あしだ」と「よしだ」の関係を物語っています。

公家では後醍醐《ごだいご》天皇に近侍して万里小路宣《までのこうじのぶ》房《ふさ》、北畠親房《きたばたけちかふさ》と並んで「三房《さんぼう》」と謳《うた》われた吉《よし》田定房《ださだふさ》がいます。吉田松陰《よしだしょういん》は長州(現・山口県)の人ですが、彼も杉家から養子に入ったのです。

明治以降では吉田神社の宮司である吉田氏が子爵になっています。また、農商務次官、元老院議官、枢密院議員などを歴任した吉田清成《よしだきよなり》も子爵になっています。彼は薩摩(現・鹿児島県西部)の人です。

大名には吉田姓はいません。旗本には29家が名を連ねています。寛政年間での最も大身は1000石の吉田小右衛門盛謙で、西小姓組《にしこしょうぐみ》です。西というのは江戸城の西《にし》の丸《まる》の意味で、通常は将軍が本丸《ほんまる》に、嗣子《しし》である次の将軍予定者が西の丸に居住しました。このときの将軍は徳《とく》川《がわ》家斉《いえなり》、したがって彼は次の将軍である家慶《いえよし》の秘書役であったということです。

数学ランドへようこそ

ここ、数学ランドでは、毎月上級、中級、初級と
3つのレベルの問題を出題しています。各問題に生徒たちが
答えていますので、どれが正解か考えてみてくださいね。
今回は円周率の問題です。

TEXT BY 湯浅 弘一

ゆあさ・ひろかず／湘南工科大学特任教授、
NHK教育テレビ(Eテレ)高校講座に監修講師として出演中。

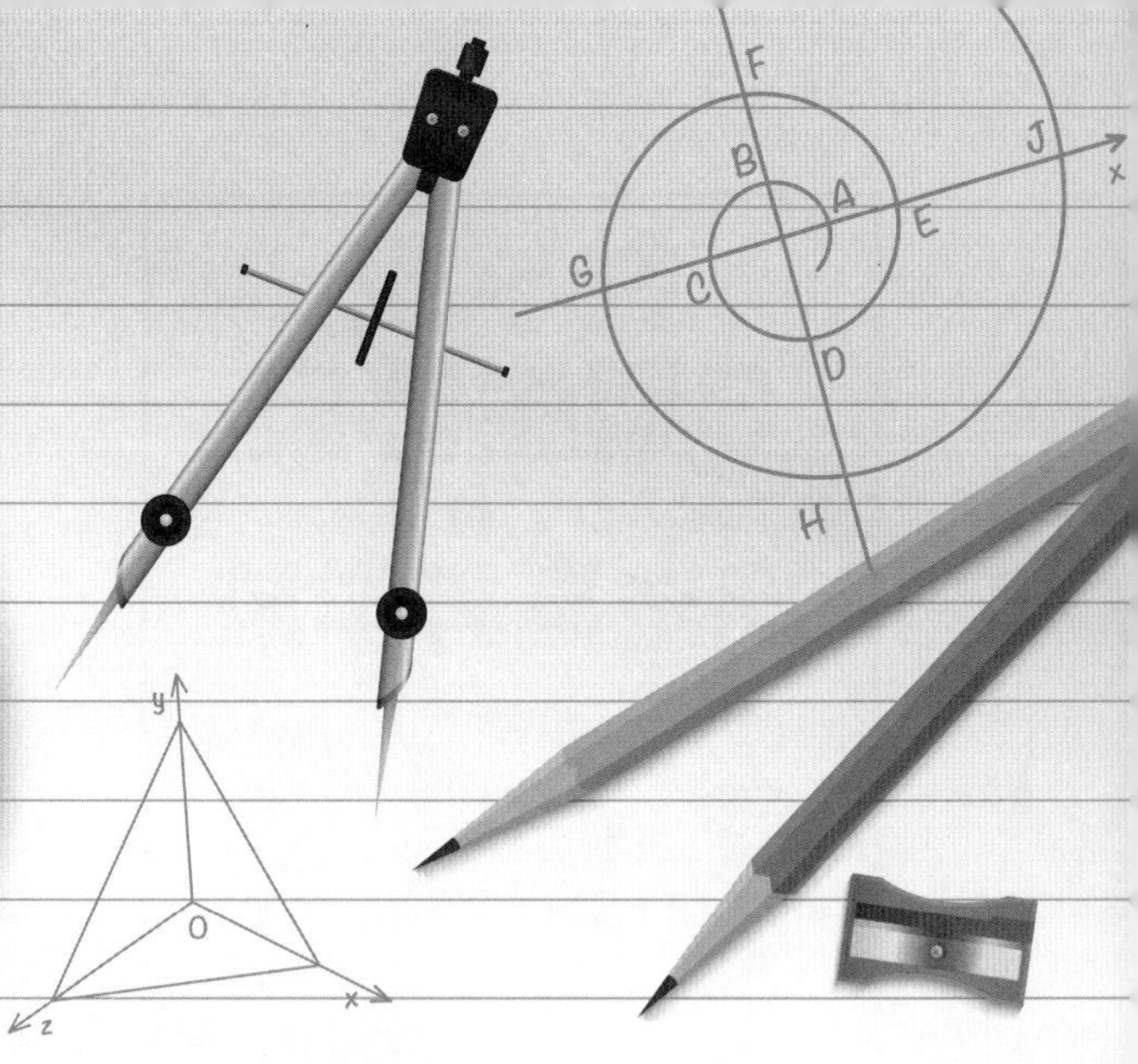

問題編

答えは94ページ

上級

π＝3.14159265…、円周率からの問題です。
円周率の小数第762位から、
“999999”と9が6つ続くところがあります。
これをなんと言うでしょうか？

A

答えは…
関孝和の九労
これ、九労と苦労をかけているよ。

B

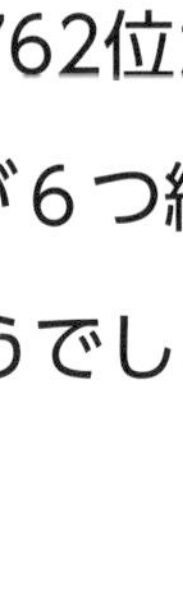

答えは…
ファインマンポイント
こんな名称を聞いたことがある。

C

答えは…
サークルナインポイント
まんまだけど覚えやすいでしょ。

初級

円周率のπ＝3.14159265…よく見るとここまででは0と7と8が出てきません。

いつ出てくるのでしょうか。次の３人の発言で正しいのはだれ？

A
答えは…
0は小数第32位
0は意外に出てこないんだよ。確か小数第32位！
B
答えは…
7は8より早い
7はすぐに出てくるよ！8より早かったはず。
C
答えは…
8は小数第10位前
8は確か、小数第10位より前に出てくるよ！

中級

π＝3.14159265…円周率のなかで0が初めて出てくる位については初級の問題で触れました。

では、00や000のように、0が続くところはあるのでしょうか。

A
答えは…
どちらもある
たぶん00も000もあるんじゃない？
B
答えは…
00はない
いや、00はないけど000はある。
C
答えは…
00はある
逆に、00はあるけど000はない。

上級

正解はB

円周率から９を調べてみると、
９は小数第5位
99は小数第44位
そしていきなり小数第762位に“999999” が登場します。
これをファインマンポイントと呼びます。

これは、物理学者のリチャード・ファインマンが講義中に「小数第762位に現れる“999999”まで暗記したい」と言ったことに由来するそうですが、じつはファインマンがこのように語ったという確たる証拠はないそうです。
ではどうしてこのような名前がつけられたのでしょうか……不思議なお話ですね。

ちなみに、Aさんの答えにある関孝和《せきたかかず》は、江戸時代の和算家です。

A

九労を苦労、ちょっとできすぎかな。

B

やったね!!

C

9がクルクル回ってるみたいだね。

初級

正解はA

円周率を問題文のものより長めに書きますと…

π＝3.141592653589793238462643383279502884…

0は小数第32位、7は小数第13位、8は小数第11位に出てきます。

ですから、0は意外にも遅く、8は7より先に出てきます。

A
やったね!!
B
残念！　8と7が
逆だったね。
C
惜しい！　一桁見間違
えちゃったかな？

中級

正解はA

ここには記載しませんが、00は小数第307位、000は小数第601位に初めて出てきます。ちなみに、0000は小数第13391位あたりに初めて出てくるそうです。さらに00000、000000、0000000、なんと00000000（ゼロが８個続く）もあるらしいですよ！

A
やったね!!
B
00も000も何度も
出てくるよ。
C
ゼロ３つどころか、
もっとあるよ。

“感情”がわからず“共感”ができない少年が出会ったのは

今月の1冊

『アーモンド』

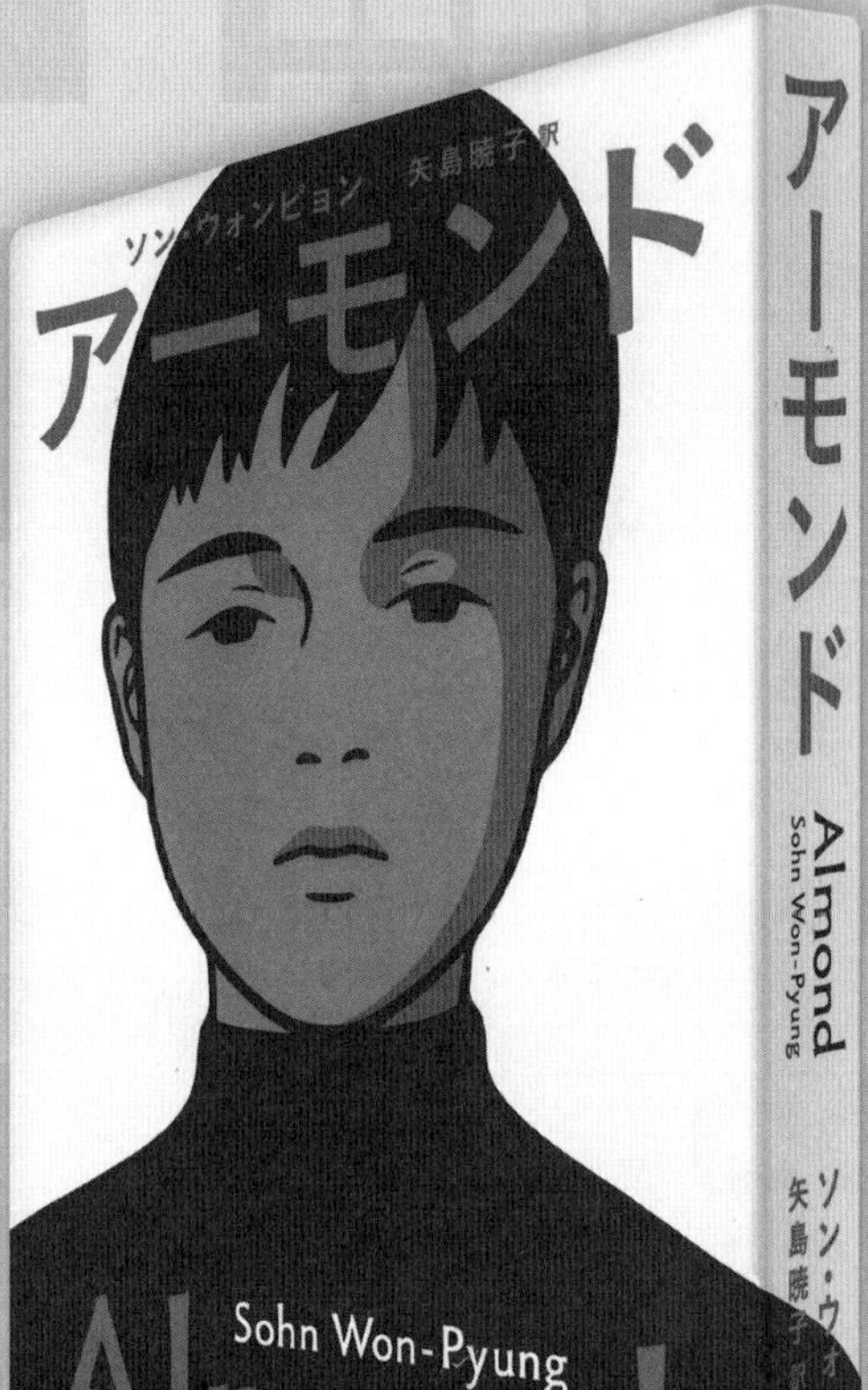

著／ソン・ウォンピョン
訳／矢島 暁子
価格／1600円＋税
刊行／祥伝社

舞台はお隣の国・韓国。主人公のソン・ユンジェは、生まれつき脳のなかの「扁桃体」と呼ばれる部分が人よりも小さく、そのために様々な感情を感じることができない「失感情症」と診断された。

感情を相手の表情や行動から読み取ることができず、共感する能力も低いため、幼少期より周りの人とのコミュニケーションがうまく取れない。それでも、彼を愛してくれる母と祖母との暮らしには問題がなかった。少なくとも、ユンジェが15才になるクリスマスイブまでは。

その日、ユンジェの目の前で2人が不幸な事件に巻き込まれ、祖母は死に、母は一命をとりとめたものの、医師に意識が戻ることはほぼないだろうと言われてしまう。

彼は目の前でその事件を目にしながらも、やはり動揺したり、悲しんだりすることはなかった。少なくとも、それを表に出すことはなかったし、祖母の生命保険の保険金と、母が経営していた古本屋があったため、生活に困ることもなかった。

ただ、次の春から彼は高校に通わなければならなかった。それまで、周りと同じように人とつきあうためにはどうすればいいか、様々なパターンを考え、ユンジェに叩き込んできた母が寝たきりになったことで、彼は初日から失敗し、すっかり色々な噂が立つように。

そんななか、ある1人の転校生がクラスにやってくる。彼の名はゴニ。いわゆる不良で、さっそく目をつけられたユンジェはしつような嫌がらせを受けるが、それが2人の間に奇妙な関係性をもたらし、また、それがユンジェの心にも少しずつ変化を促していく。

ユンジェは確かに不幸な身の上ではあるが、ただそれだけの物語ではない。彼自身が語り手となり、淡々と事実が綴《つづ》られていくことで、続きが気になってしまう。そんな不思議な魅力がある。ユンジェの心にどんな変化が起こっていくのか、ぜひ読んでみてほしい。

サクセス印のなるほどコラム

身の周りにある、知っていると役に立つかもしれない知識をお届け!!

知って得する？　スイカの話

夏といえば？

蚊取り線香！

渋いなあ。じゃあ、夏の果物といえば？

メロン！

若いなあ。

渋いとか、若いとか、真逆じゃん。なにを言わせたいの？

スイカ！

それ、夏の野菜じゃなくて？

えっ!?　スイカって野菜なの？

たぶんだけど、果実的野菜だと思うなあ。

野菜的果実？

逆だよ。果実的野菜。だから、野菜の扱い。

失敬！　そうなんだあ…野菜なのか…。

だってさ、スイカってウリ科だし。

ウリ科ってことは、キュウリ、カボチャなんかと同じだね。

メロンもウリ科なんだよ。

じゃあ、メロンも野菜なんだ！

そうだよ。ところで、スイカのなにを話したかったの？

そうそう。昔、スイカといえば、食べるときによく塩が添えられていたんだよ。

スイカに塩？　おいしいの？

昔のスイカは水々しいのはいまと変わらないけど、味はそんなに甘くはなかったんだよ。

それで、塩をかけるの？

そう！　塩をかけて食べると甘味を感じるから、おいしくなる。

ふ～ん。いまのスイカじゃ考えられないなあ。

昔のニンジン、昔のキュウリ、昔のイチゴ…あげればキリがないけど、品種改良されていまの方が断然うまい！

いまのニンジンでも嫌いだけど……（苦笑）。

じゃあ、キミは昔のニンジンは絶対に食べられないね。

どう違うの？　昔の野菜って。

昔のニンジンもキュウリもいまより青臭いっていう感じ？　少なくとも甘くはないな。

そんなに違うんだ。いまに生まれてよかったよ。じゃあ、もう少しあとに生まれたら、野菜はもっとおいしくなるのかなあ？

まあ、そうだろうね。私なんかだと、昔の味が懐かしいけどね。いまの野菜の多くは甘さが増したからなあ。イチゴとかグレープフルーツなんて、昔は酸っぱいから練乳や砂糖をかけたりして食べるのが普通だったし。品種改良の成果はすごいね。

野菜や果物は品種改良で進化してるんだね。先生も品種改良した方がいいね。

えっ？　どこを？　体型？

違うよ。野菜は品種改良しても形はあまり変わってないじゃん。

それじゃあ、私の味？

先生を食べるわけじゃないからさ（笑）。だから、先生の中身だよ。

私の中身？

そのボケるところ。そのボケの品種改良をお願いしたいなあ（笑）。

そんな！　それは先生の個性ってことで、改良しなくてもいいんじゃない？

サクセス映画館

挫折と成長の物語

羊と鋼の森

新米調律師の胸に響く様々な出会い

2018年／日本
監督：橋本光二郎

「羊と鋼の森　通常版」
DVD発売中
3,800円＋税
発売・販売元：東宝株式会社

　高校生のころ出会ったピアノ調律師・板鳥に感銘を受け、調律師を志した直樹。やがて新米調律師として働くことになり、先輩調律師の柳、ピアニストの高校生姉妹、生きる気力を失った青年など、様々な人とかかわるようになります。

　思うような調律ができず、未熟な自分のふがいなさに落ち込む直樹ですが、柳も、姉妹も、青年もそれぞれに悩みがあり、苦しんでいるのは自分だけではないことを知ります。そして、彼らとのかかわりを通して、音と、人と向きあいながら、少しずつ成長していく直樹。その様子に胸を打たれることでしょう。映画を彩るピアノの音色も美しく、見る人の心を癒してくれる一作です。

バケモノの子

バケモノとの深いきずなが少年を強くする

2015年／日本
監督：細田守

「バケモノの子」
Blu-ray発売中
5,800円＋税
発売元：バップ

　両親の離婚と、母親の事故死で、親戚に引き取られることになった少年は、それを拒否して渋谷の路地裏へ逃げると、バケモノの世界（渋天街）へ迷い込んでしまいます。

　9歳だから〝九太〟と名づけられた少年は、バケモノ・熊徹に弟子入りし、強くなるために修行を重ねます。言いたいことを言いあいながら、熊徹のもとでたくましく成長する九太。いつのまにか2人が本当の親子のように見えてくるから不思議です。

　しかし、いつしか自分の進路を悩むようになる九太。しかも不穏な影が忍び寄っていて…。九太がどんな選択をするのか、そして不穏な影とは？　最後まで目が離せない怒涛のクライマックスが待っています。

ハッピーフライト

失敗も糧に一人前のスタッフとして成長

2008年／日本
監督：矢口史靖

「ハッピーフライト　スタンダードクラス・エディション」
DVD発売中
3,800円＋税
発売元：フジテレビジョン／アルタミラピクチャーズ／電通
販売元：東宝

　パイロットにキャビンアテンダント、グランドスタッフ…といった空港でのお仕事。一見華やかなイメージがありますが、じつは重責で過酷なことばかり。当然、若手社員には失敗もあるし、挫折もつきものです。それでも先輩のサポートを得て、それぞれ1歩1歩成長していく様子が、爽やかに描かれています。

　そして、緊急事態が起こればベテランスタッフは顔つきが一変。そのかっこいい姿にしびれます！　後輩も先輩をサポートして、全員で難局を乗り越える姿から、仕事は人を育ててくれることを実感します。仕事ぶりには人柄が表れるものです。誇りを持って仕事に臨むスタッフのかっこよさをぜひご覧ください。

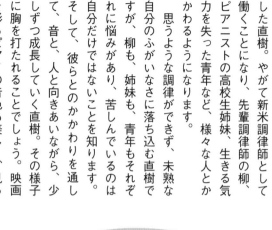

読者が作る おたよりの森

テーマ

勉強のコツ【数学】

図形問題は、自分で**図を大きく丁寧に描いて**、そこに与えられた条件を書き込んでいます。大きく描くと見やすいし、書きながら情報を整理できるのでおすすめです。
（中３・T.K.さん）

解き方を理解するだけではなく、**たくさん演習**をするといいと思います！
（中３・ばーこーどさん）

暗算が得意になってから、数学の苦手意識が少しなくなりました。数学パズルの本を解くのが趣味で、やっていくうちにだんだん暗算ができるようになったよ。
（中２・キャンプしたいさん）

文章問題に強くなるために、**問題文に線を引きながら**読むようにしています。見落としが少なくなるので、解くスピードがちょっと早くなりました。
（中３・まだまだ伸びるマンさん）

最近、自習中も絶対に**時間を計って解く**ようにしています。時間がかかったところは自分の苦手な分野だから、重点的に復習する！
（中３・H.N.さん）

テーマ

将来なりたい職業は？

教師。じつは担任の先生に憧れています。先生には内緒だけど。
（中３・理科大好きさん）

学校でやったプログラミングの授業が楽しかったから、いまちょっと**プログラマー**に興味があります。
（中１・ぱっそさん）

自動車がいつか自動運転になるというニュースを聞いて、そういう**新しい車の開発者**に自分もなりたいと思いました。
（中１・D.H.さん）

看護師です！　母が看護師として働いている姿を見て、憧れるようになりました。
（中３・ぷっちさん）

通訳になりたい！　色々な国の人と出会えるし、かっこいいから！
（中２・T.M.さん）

小さいころ、何度も重い病気にかかってしまった私を助けてくれたお医者さんに恩返しがしたい！　なので、将来の夢は**医者**になって、私のかかった病気より重い病気にかかっている人を少しでも救うことです。
（中２・おなもみさん）

テーマ

好きな映画の主人公

「ズートピア」の**ジュディ**。あの前向きさを見習いたい。
（中２・ネガティブボーイさん）

ハリー・ポッター。大変な運命を背負いながら仲間とともに成長して、最後はみんなで悪を倒すのがかっこいい！
（中２・ロンの方がもっと好きさん）

「君の名は。」の**瀧くん**！　ヒロインの三葉《みつは》を助けようと必死に頑張る姿がかっこよくて大好きです。
（中３・深海誠さん）

実写の**「美女と野獣」**の主人公の**ベル**は強くて優しくて、こんな女の人になりたいなと思います。ドレスで踊る姿もきれいで憧れます。
（中１・ミツバさん）

「銀魂」の**銀さん**。いつもふざけてばかりだけど、ピンチになっても諦めず戦う姿がかっこいい。
（中２・洞爺湖さん）

必須記入事項

名前／ペンネーム／学年／郵便番号／住所／本誌をお読みになっての感想／投稿テーマ／投稿内容

右のQRコードからケータイ・スマホでどしどしお寄せください！
住所・氏名は正しく記入してください

Present!!
掲載された方には抽選で３名に**図書カード**をお届けします！
（500円相当）

募集中のテーマ

毎日のルーティーン
なんでも！　苦手克服体験談
勉強のコツ【英語】

応募〆切2020年10月15日

ここから応募してね！

ケータイ・スマホから
上のQRコードを
読み取って応募してください。

掲載にあたり一部文章を整理することもございます。個人情報については、図書カードのお届けにのみ使用し、その他の目的では使用いたしません。

6月号の答えと解説

問題 位置をいれかえる

正方形の枠を横１列に並べて描き、左端から白い碁石を１個ずつ、右端から黒い碁石を１個ずつ置いて、〔ルール〕に従って、白い碁石を右へ、黒い碁石を左に動かして、白と黒の碁石の置く位置を入れかえることを考えます。

〔ルール〕

ｉ） 隣の枠に石がないときは、１つ分だけ横に動かすことができる。

ⅱ） 隣の枠に異なる色の石があるときは、その枠を１つだけ飛び越して動かすことができる。

ⅲ） 同じ色の石のある枠を飛び越したり、枠を２つ以上飛び越して動かしたりすることはできない。

〔例〕のように枠の数が５個で、両端から２個ずつ碁石を置いた場合は、８回で石の位置を入れかえることができます。

〔例〕

	○	○		●	●
1回	○		○	●	●
2回	○	●	○		●
3回	○	●	○	●	
4回	○	●		●	○
5回		●	○	●	○
6回	●		○	●	○
7回	●	●	○		○
8回	●	●		○	○

それでは、下のように枠の数が11個で、両端に５個ずつ碁石を置いた場合、石を何回動かせば石の位置を入れかえることができるでしょうか。

○	○	○	○	○		●	●	●	●	●

解答 35回

解説

〈最初の図〉

①	②	③	④	⑤		❶	❷	❸	❹	❺

〈途中図（10回目）〉

①	②	❶	③	❷	④	❸	⑤	❹		❺

〈途中図（20回目）〉

❶	①	❷	②	❸	③	❹	④	❺	⑤	

〈最終図〉

❶	❷	❸	❹	❺		①	②	③	④	⑤

５個の白い碁石が、初めの黒い碁石のあった位置まで移動するためには、どの石も６個の枠を移動する必要があります。５個の黒い碁石についても同様ですから、10個すべてが石の位置を入れかえたとき、石が移動した枠の数はのべ（6×10＝）60個です。 ………ⓐ

次に、白い碁石と黒い碁石の位置を入れかえるためには、一方が他方を飛び越さなくてはなりません。よって、すべての石の位置を入れかえたとき、１組の白と黒の碁石につき５回の飛び越しが行われますから、飛び越した枠の数はのべ（5×5＝）25個です ………ⓑ

したがって、石の位置を入れかえるために動かす回数は、ⓐ、ⓑより、60－25＝35（回）となります。

6月号パズル当選者（全応募者24名）

岡田　昇大さん（中2・東京都）　　本島　健汰さん（中2・埼玉県）

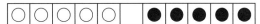

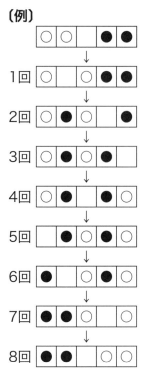

解いてすっきり

パズルでひといき

今月号の問題

単語パズル

天国（heaven）と地獄（hell）のように、下のアミダをたどって８組すべてが対義語のペアになるようにするには、ア～カの６本の縦線のうち、２本の線をつけ加える必要があります。どの線とどの線をつけ加えればいいでしょうか？　その記号を答えてください。

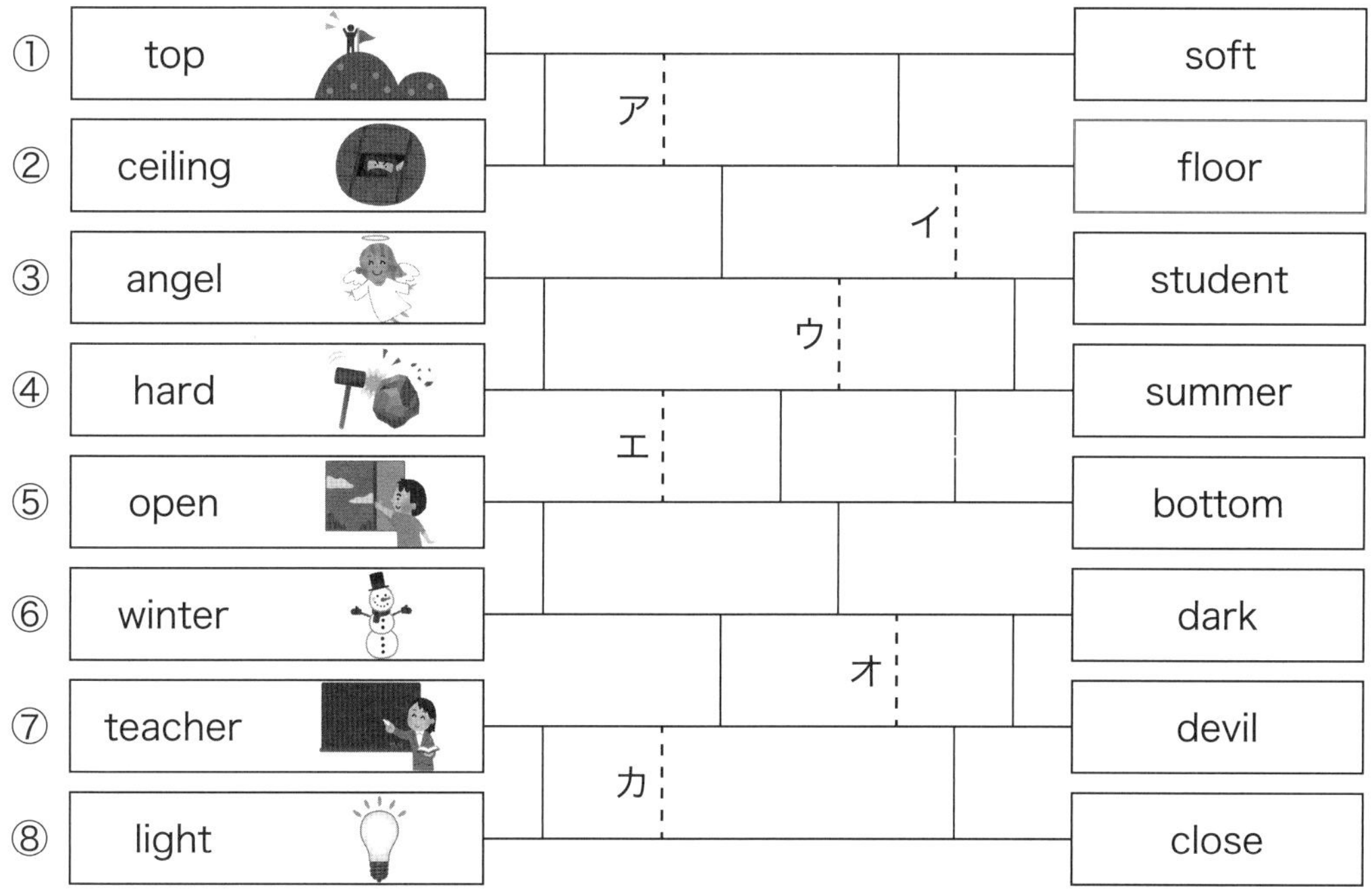

今月のプレゼント！

透明でよく消える消しゴム

10名さまに

青いカバーでおなじみの消しゴム「レーダー」（シード）のシリーズから、透明な消しゴム「**クリアレーダー**」が登場。文字が透けて見えるため消し残しや消し過ぎが起こりにくく、柔軟性のある素材で消し心地も抜群です。

応募方法

左のQRコードまたは104ページからご応募ください。

◎正解者のなかから抽選で10名の方に右の「**クリアレーダー150**」をプレゼントいたします。

◎当選者の発表は本誌2021年２月号誌上の予定です。

◎**応募締切日 2020年10月15日**

夢が広がる高校選びの情報満載！

Success15

10月号

表紙：筑波大学附属駒場高等学校

FROM EDITORS 編集室から

夏休みも終わり、９月もなかばを過ぎました。今年は、新型コロナウイルス感染症の影響で例年とは異なる夏休みになってしまったと思います。しかし、新学期が始まったことで、気持ちを新たに中学校生活を送ろうと意気込んでいる方も多いのではないでしょうか。とくに中３のみなさんは、入試に向けて、勉強によりいっそう力が入っていることでしょう。

そんなみなさんを応援するために、今月号では、志望校選択のポイントをご紹介しています。また、高校生になったとき、社会人になったときに役立つ力を身につけられるプレゼンテーションの特集は、面接にも活かせる内容です。ぜひ読んでくださいね。　（S）

Next Issue　秋・増刊号

Special 1

大学の「学部」を知ることで「未来」がみえる

Special 2

こんなにたくさん！色々な学部をのぞいてみよう

公立高校 WATCHING

千葉県立千葉高等学校

突撃スクールレポート

城北高等学校

研究室にズームイン

埼玉大学　奥井 義昭 教授

※特集内容および掲載校は変更されることがあります。

Information

『サクセス15』は全国の書店にてお買い求めいただけますが、万が一、書店店頭に見当たらない場合は、書店にてご注文いただくか、弊社販売部、もしくはホームページ（104ページ下記参照）よりご注文ください。送料弊社負担にてお送りします。定期購読をご希望いただく場合も、上記と同様の方法でご連絡ください。

Opinion, Impression & ETC

本誌をお読みになられてのご感想・ご意見・ご提言などがありましたら、104ページ下記のあて先より、ぜひ当編集室までお声をお寄せください。また、「こんな記事が読みたい」というご要望や、「こういうときはどうしたらいいの」といったご質問などもお待ちしております。今後の参考にさせていただきますので、よろしくお願いいたします。

サクセス編集室 お問い合わせ先

TEL : 03-5939-7928　FAX : 03-3253-5945

今後の発行予定

10月20日	2021年3月15日
秋・増刊号	2021年4月号
11月16日	2021年5月15日
2020年12月号	2021年6月号
2021年1月15日	2021年7月15日
2021年2月号	2021年8月号

FAX送信用紙

※封書での郵送時にもコピーしてご使用ください。

101ページ「単語パズル」の答え

氏名

学年

住所（〒　　　－　　　　）

電話番号

（　　　　　）

現在、塾に

通っている　・　通っていない

通っている場合

塾名

（校舎名　　　　　　　）

面白かった記事には○を、つまらなかった記事には×をそれぞれ3つずつ（　）内にご記入ください。

（　）05 学校選択のためのポイントは ココにある
（　）10 男子校・女子校、共学校、 自分に向いている学校とは？
（　）14 その秘訣教えます “伝わる”プレゼンテーションとは？
（　）22 Special School Selection 筑波大学附属駒場高等学校
（　）28 公立高校WATCHING 埼玉県立大宮高等学校
（　）34 受験生のための明日へのトビラ
（　）36 突撃スクールレポート 日本大学第二高等学校
（　）38 スクペディア 桜丘高等学校
（　）39 スクペディア 立正大学付属立正高等学校
（　）40 レッツトライ！　入試問題
（　）42 高校受験質問箱
（　）53 中学生の未来のために！ 大学入試ここがポイント
（　）54 大学受験　基本のキ 国公立大選抜編
（　）56 東大入試突破への現代文の習慣
（　）59 研究室にズームイン 東京大学　土屋武司教授
（　）66 こちら東大はろくま情報局
（　）68 キャンパスデイズ十人十色
（　）79 ちょっと得する 読むサプリメント
（　）80 マナビー先生の最先端科学ナビ
（　）82 なぜなに科学実験室
（　）86 ミステリーハンターQの タイムスリップ歴史塾
（　）87 ピックアップニュース！
（　）88 中学生のための経済学
（　）90 名字の豆知識
（　）92 数学ランドへようこそ
（　）96 Success Book Review
（　）97 サクセス印のなるほどコラム
（　）98 サクセス映画館
（　）99 読者が作る　おたよりの森
（　）100 解いてすっきり パズルでひといき

FAX.03-3253-5945

FAX番号をお間違えのないようお確かめください

サクセス15の感想

高校受験ガイドブック2020 10　Success15

発　行：2020年9月17日 初版第一刷発行
発行所：株式会社グローバル教育出版　〒101-0047 東京都千代田区内神田2-5-2 信交会ビル3F
TEL：03-3253-5944
FAX：03-3253-5945
HP：http://success.waseda-ac.net/
e-mail：success15@g-ap.com

郵便振替口座番号：00130-3-779535
編　集：サクセス編集室
編集協力：株式会社 早稲田アカデミー

【個人情報利用目的】ご記入いただいた個人情報は、プレゼントの発送およびアンケート調査の結果集計に利用させていただきます。